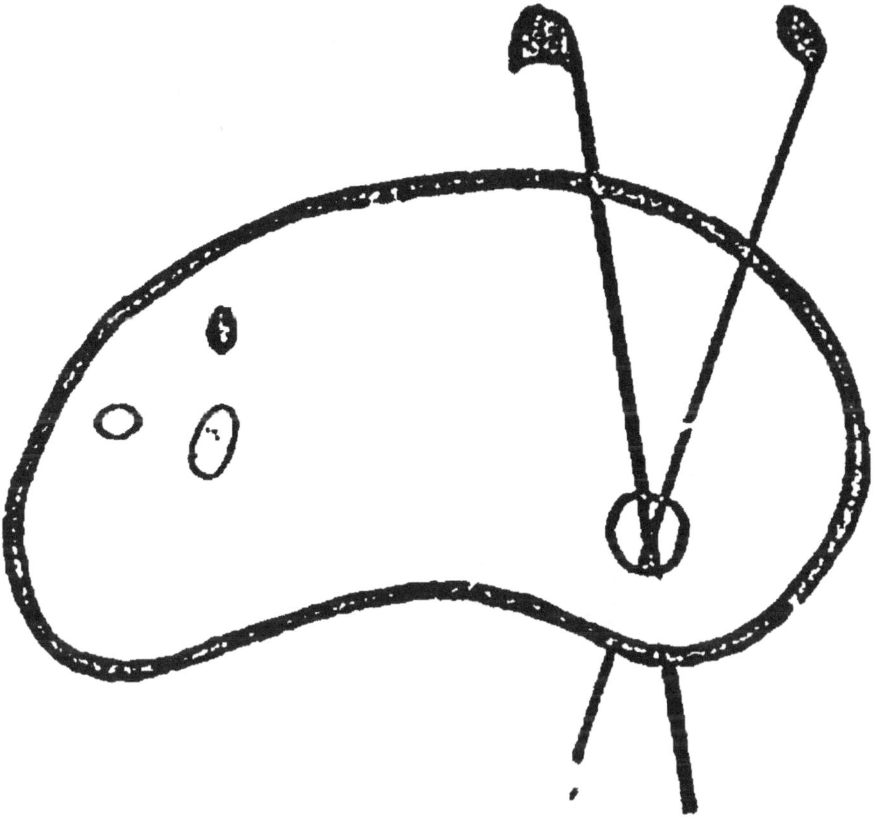

DEBUT D'UNE SERIE DE DOCUMENTS
EN COULEUR

L'ŒUVRE ÉCONOMIQUE

DE

CHARLES DAVENANT

PAR

YVON BALLIÈRE

DOCTEUR EN DROIT

PARIS

LIBRAIRIE DES SCIENCES POLITIQUES ET SOCIALES

MARCEL RIVIÈRE ET Cⁱᵉ

31, Rue Jacob, et 1, rue Saint-Benoît (6ᵉ Arrond)

Téléphone 740-37

LABORI VITAM IMPENDERE

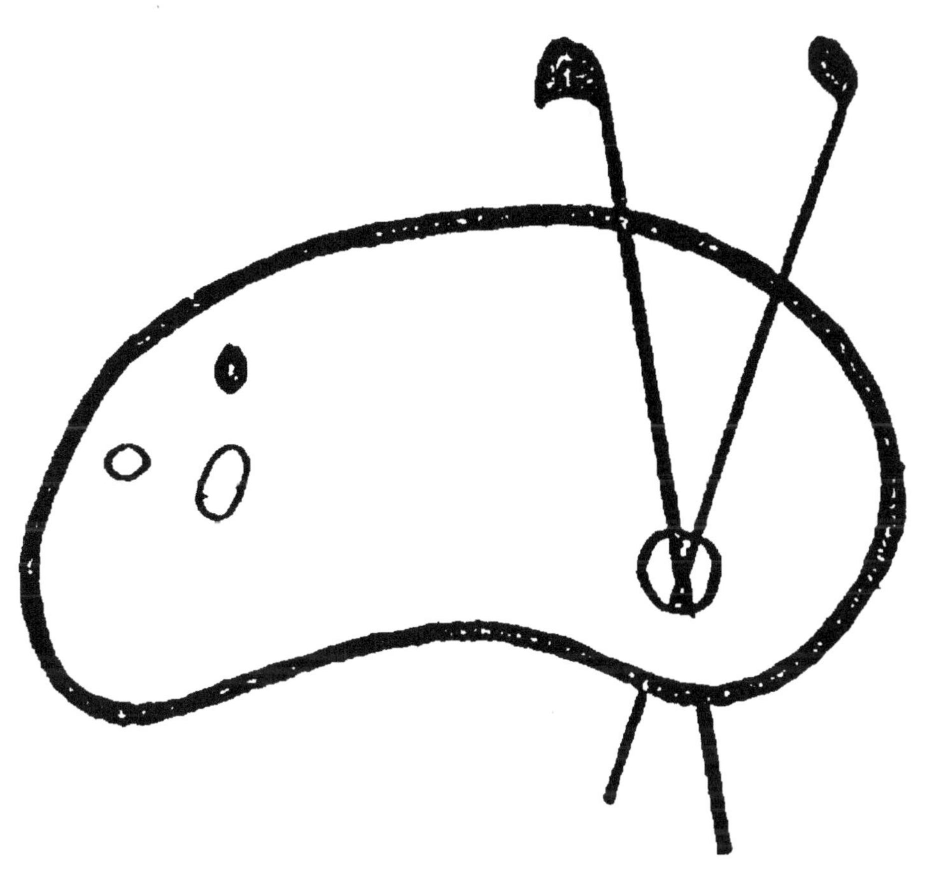

FIN D UNE SERIE DE DOCUMENTS
EN COULEUR

L'ŒUVRE ECONOMIQUE

DE

CHARLES DAVENANT

L'ŒUVRE ÉCONOMIQUE

DE

CHARLES DAVENANT

PAR

YVON BALLIÈRE

DOCTEUR EN DROIT

PARIS

LIBRAIRIE DES SCIENCES POLITIQUES ET SOCIALES

MARCEL RIVIÈRE ET Cie

31, Rue Jacob, et 1, rue Saint Benoît (6e Arrond.)

Téléphone 740-37

TABLE DES MATIÈRES

—

BIBLIOGRAPHIE

—

I. — Ouvrages dans lesquels il est parlé de Davenant

A. ALLIBONE. — *A critical Dictionary of English literature and British and American authors.* London, 1859.

Biographia Britannica, édition Kippis ; vol IV. London, 1789, pp. 647 et suiv.

PIERRE BONNASSIEUX. — *Les Grandes Compagnies de commerce.* Paris, 1892.

GEORGES BRY. — *Histoire industrielle et economique de l'Angleterre depuis les origines jusqu'à nos jours.* Paris, 1900, p. 385.

COBBETT. — *Parliamentary History of England from the Norman conquest in 1066 to 1803.* London, 1808; vol. IV, p 1343, et vol. V, pp. 1184 et 1226

CONRAD. — *Handwörterbuch der Staatswissenschaften* (1888) Iéna, 1909-1911 ; vol. II, p. 939 ; vol. III, p. 461 ; vol. IV, p. 305 ; vol. VI, p. 656.

LUIGI COSSA. — *Guida allo studio dell' economia politica* (1876) 2ᵉ édition , Milan, 1878. Cet ouvrage a été traduit en fiançais sous le titre : *Histoire des doctrines economiques,* par Alfred Bonnet ; avec préface de A. Deschamps Paris, 1899, pp. 219 et suiv.

W. CUNNINGHAM. — *The growth of English industry and commerce in modern times.* Part. I : *The mercantile system,* 4ᵉ édition. Cambridge, 1907, pp. 212, 273, 393,

401, 404, 407, 421 à 432, 445, 465, 486, 495, 516, 540, 572, 598, 604.

STEPHEN DOWELL. — *A History of taxation and taxes in England.* London, 1884, pp 37 à 64.

A. DUBOIS — *Precis de l'histoire des doctrines economiques dans leurs rapports avec les faits et les institutions.* Paris, 1903, pp. 250 et 251.

Encyclopædia Britannica (1768-1771). 11ᵉ édition, London, 1910-1911. Vol VII, p 851.

FIRMIN DIDOT — *Nouvelle Biographie generale* Paris, 1854, tome XIII, p 201

Grande Encyclopedie, vol. XIII, p 995

GUILLAUMIN et COQUELIN. — *Dictionnaire d'Economie politique* Paris, 1858, p 52

W. HEWINS. — *English trade and finance chiefly in the 17ᵗʰ century* London, 1890.

JOHN KELLS INGRAM — *A History of Political Economy.* London, 1888, traduit en français, Paris, 1893.

LAROUSSE. — *Grand Dictionnaire universel du XIXᵉ siècle.* Tome VI, p 870

MAC CULLOCH — *The literature of Political Economy.* London, 1845, p 352.

MICHAUD — *Bibliographie universelle ancienne et moderne.* Paris, 1852, tome X, p 178.

OLDMIXON — *The History of England during the reigns of king William and queen Mary, queen Anne, king George I; being a sequel of the reigns of the Stuarts.* London, 1735, pp. 118, 197, 216, 217, 222, 322.

AUGUST ONCKEN — *Geschichta der National Œkonomie,* 1ʳᵉ partie, Leipzig, 1902, p. 223.

R H. INGLIS PALGRAVE. — *Dictionary of Political Economy.* London, 1894. Vol. I, p. 483.

MAURICE PASQUIER. — *Sir William Petty Ses idées economiques.* Paris, 1903, pp. 96 et 97.

Joseph Rambaud. — *Histoire des doctrines économiques.* Paris, 1899, p. 67.

W. Roscher. — *Zur Geschichte der englischen volkswirthschaftslehre* (1851) : dans *Abhandlungen der K Sächs gesellschaft der wissenschaften ;* bd III Leipzig, 1857, pp. 107 et suiv.

W. Roscher — *Geschichte der national okonomick in Deutschland.* Munschen, 1874, pp. 243, 297, 326.

W. Roscher — *System der Volkswirthschaft* (1854-1886) Stuttgart, 1900-1901

Hjalsmar Schacht.—*Der theoretische Gehalt des englischen mercantilismus* Berlin, 1900, p 28.

Leslie Stephen — *Dictionary of National Biography.* London, 1888, vol XIV, pp. 99 et suiv.

Travers Twiss — *View of the progress of political economy in Europe since the XVIth century.* London, 1847.

A Wood — *Athenæ Oxonienses* (1691-92). Edition Bliss ; vol IV, 1820, col. 476, et *Fasti Oxonienses,* édition Bliss ; vol IV, col 373

II. — Bibliographie des écrits de Davenant et de la littéraure à laquelle ils ont donné lieu

Les ouvrages portant un numero d ordre sont de Davenant

1° *Circé, a tragedy in 5 acts and in verse with songs, acted at his Royal Highness the duke of York's theatre.* London, 1.,-

2° *An Essay upon ways and means of supplying the war.* London, 1695. Cet ouvrage fut si bien accueilli que Davenant, pour assurer le succès de ceux qui l'ont suivi,les signa presque tous depuis : *by the author of the Essay upon ways and means.*

3° *An Essay on the East India trade ; by the author of the Essay on ways and means.* London, 1696.

Une 2ᵉ edition de cet *Essay* parut en 1697 On en trouve également une réimpression a la suite des *Discourses on the publich Revenues and on the trade of England. Part II,* 1898.

Ouvrages publies en réponse a l'*Essay on the East India trade :*

a) *An Answer to a late tract intituled   An Essay on the East India trade* London, 1697

b) *England and East India inconsistent in their manufactures, being an answer to a treatise intituled   An Essay on the East India trade* London, 1697.

Ces deux ouvrages ont ete ecrits par John Pollexfen.

Some reflections on a pamphlet intituled. England and East India inconsistent in their manufactures London, 1696.

C'est une réponse au precedent et en même temps une défense de l'*Essay on the East India Trade,* mais qui ne parait pas avoir et ecrite par Davenant

c) *Reasons humbly offered for the passing of a bill for the hindering the home consumption of East India silhs, bengals . And an answer to the author of several objections against the said bill, in a book, intituled. An Essay on the East India trade.* London, 1697

4° *Discourses on the publick revenues, and on the trade of England, in 2 parts ; by the author of the Essay on ways and means. Part I, to which is added : A Discourse upon improving the revenue of the state of Athens, written originally in greek by Xenophon, and now made english from the original, with some historical notes, by another hand.* London, 1698.

Le *Discourse upon improving the revenue of the state of Athens* a ete traduit du grec et annoté par W Moyle, publié

en 1697 et annexé aux *Discourses on the publick reve-*
nues and on the trade of England. Part. I

5° *Discourses on the publick revenues, and on the trade of*
England, which more immediately treat of the foreign
traffick of this kingdom, by the author of the Essay on
ways and means. Part II. London, 1698.
Les *Discourses on the publick revenues and on the trade of*
England ont été attaqués dans deux brochures.
  a) *Remarks upon some wrong computations and conclu-*
    sions contained in a late tract intituled. Discourses on
    the publick revenues and on the trade of England.
    London, 1698.
  b) *A Vindication of some assertions relating to coin and*
    trade, from the reflections made by the author of the
    Essay on ways and means in his book entitled. Dis-
    courses on the publick revenues, and on the trade of
    England London, 1699 Ce dernier est probablement dû
    a Philip Ryley.

6° *An Essay upon the probable methods of making a peo-*
  ple gainers in the balance of trade, by the author of the
  Essay on ways and means. London. 1699 Une 2ᵉ édition
  a été publiée en 1700.

7° *A Discourse upon grants and resumptions . by the au-*
  thor of the Essay on ways and means. London, 1700.
En réponse à ce *Discourse* de Davenant a été publié l'ouvrage
  suivant *Jus Regium, or the King's right to grant for-*
  feitures and others revenues of the Crown fully set
  forth and traced from the beginning. London, 1701.

8° *Essays upon I. The balance of power; II. The right of*
  making war, peace and alliances; III Universal monar-
  chy, to which is added an Appendix containing the re-
  cords referred to in the second Essay London, 1701.
Davenant, à propos de ces *Essays*, a été vivement pris à partie

par l'auteur de. *Animadversions on a late factious book,
intituled : Essays upon the balance of power...; with a
Letter containing a censure upon the said book, wherein
the King,the ministry and the Church of England are
cleared from the malicious aspersions cast upon them
by the enemies of this government* London, 1701.

9° *The true picture of a modern Whig set forth in a dialogue between Mr Whiglove and Mr Double,two under spur-
leathers to the late ministry.* London, 1701

10° *Tom Double return'd out of the country, or the true
picture of a modern Whig set forth in a second dialogue
between Mr Whiglove and Mr Double, at the Rummer
Tavern, in Queen's street* London, 1702.

11° *The true picture of a modern Whig reviv'd,set forth in
a third dialogue between Mr Whiglove and Mr Double,
at Tom's Coffee House in Covent-Garden* London, 1707.

Les deux premiers dialogues ont eu de nombreuses editions ; la
8ᵉ édition a ete publiée en 1707, en même temps que pour
la premiere fois le troisieme dialogue.

L'ouvrage satirique suivant semble être une reponse a *The
True picture of a modern Whig. — The old and modern
Whig truly represented, being a second part of his picture* (1) *And a real vindication of his Excellency the
earl of Rochester, His Majesty's lord lieutenant of Ireland, and of several other true patriots of our establish'd
Church, english liberty, and ancient monarchy, from
the gross forgeries and foul calumnies falsly and ma-
liciously cast upon them in their late libels* London,1702

12° *Essays upon peace at home and war abroad, in
2 parts Part I* by Charles D'Avenant, LLD London, 1704.

Aucun catalogue ne fait mention de la deuxieme partie.

Cet *Essay* a donné lieu a toute une litterature .

(1) C'est-a dire. *The true picture of a modern Whig.*

— 7 —

a) *Tom Double against D^r D-v-n-t; or, the learned author of the Essays on peace at home and war abroad consider'd so far as his past actions run counter to his present.* London, 1704.

b) *Occasional conformity a most injustifiable practice. . And a Postscript in answer to the eleventh section of Dr Davenant's Essay of peace at home and war abroad.* London, 1704

c) *Moderation truly stated or, a review of a late pamphlet intituled Moderation a vertue .. With a prefatory discourse to D^r d'Avenant, concerning his late Essays on peace and war.* London, 1704.

d) *Some reflections on the eleventh section of D^r d'Avenant's late book of Essays, intituled Peace at home and war abroad.*

e) *The true Tom Double; or, an account of Dr Davenant's late conduct and writings particularly with relation to the eleventh section of his Essays on peace at home and war abroad, part. I.* London, 1704

f) *A seasonable remark upon the new book of Dr Davenant, respecting only one of its sections, wherein his judgment is intimated concerning the occasional bill* London, 1704.

g) *Some remarks on the first chapter in Dr Davenant's Essays.* London, 1704.

13° *Reflections upon the constitution and management of the trade to Africa. .. 3 parts.* London, 1709.

Ces trois parties ont été publiées séparément Il a été répondu à la première dans la brochure suivante :

Some remarks on a pamphlet called Reflections upon the constitution and management of the trade to Africa. London, 1709.

14° *Sir Thomas Double at Court and in high preferments ; in 2 dialogues, between Sir Thomas Double and Sir*

Richard Comover alias Mr Whiglove, on the 27ᵗʰ of september 1710 Part I. London, 1710.

15° *New dialogues upon the present posture of affairs, the species of money, national debts, publick revenues, Bank and East India Company, and the trade now carried on between France and Holland, by the author of the Essay on ways and means, vol. II.* London, 1710.

16° *An Essay upon the national credit of England, introductory to a proposal prepared for establishing the public credit, in such a manner as to render the same highly beneficial to the government, trade and people of this kingdom, humbly submitted to the Honourable House of Commons* London (1710).

17° *A report to the Honourable the Commissioners for putting in execution the act, entitled. An act for the taking, examining, and stating the publick accounts of the kingdom, from Charles Davenant LLD, inspector general of the exports and imports Part I.* London, 1712

18° *A second report to the Honourable the Commissioners... Part II* London, 1712

Il faut encore signaler comme devant être de Davenant :

A vindication of Dʳ C. Davenant, A. Hammond esq. and J. Fredenham esq, from the scurrilous reflections cast upon them in a late paper, called. A full and true relation of a horrid and detestable conspiracy against the lives, estates and reputations of three worthy members of this present parliament, the whole answer'd paragraph by paragraph. London, 1702.

Sorte de justification, en réponse à la satire suivante :

A full and true relation of a horrid and detestable conspiracy against the lives, estates and reputations of three worthy members of this present parliament. London (1702)

Voici enfin deux brochures visant Davenant :

  a) *Torism and Trade can never agree ; to which is added an account and character of the Mercator and his writings...* (1713).

Le *Mercator*, c'est-à-dire Davenant.

  b) *Dr D nant's prophecys* 1713.

La plupart des ouvrages de Davenant ont été réunis et publiés sous le titre

The political and commercial works of that celebrated writer Charles Davenant LLD, relating to the trade and revenue of England, the plantation trade, the East India trade, and African trade, collected and revised by Sir Charles Whitworth, M P. , *to which is annexed a copious Index* 5 vol. London, 1771.

  Ce recueil comprend .

1º *An Essay upon ways and means of supplying the war*
2º *An Essay on the East India Trade.*
3º *Discourses on the public revenues and on the trade of England,* part I et II.
4º *An Essay on the probable methods of making a people gainers in the balance of trade.*
5º *A Discourse upon grants and resumptions.*
6º *Essays upon the balance of power ; upon the right of making war, peace and alliances, upon universal monarchy*
7º *The true picture of a modern Whig,* dialogues I et II.
8º *Essays upon peace at home and war abroad* Part I.
9º *Reflections upon the constitution and management of the trade to africa,* part I, II et III
10º *Reports to the Commissioners,* part I et II

  Des extraits de Davenant ont été publiés. notamment dans:

  a) *Select dissertations on colonies and plantations by those celebrated authors, Sir Josiah Child, Charles Davenant LLD., and Mr William Wood; wherein the*

*nature of plantations, and their consequences to Great
Britain are seriously considered ; and a plan propo-
sed which may settle the unhappy differences between
Great Britain and America.* London, 1775.

On y trouve en effet tout le *Discourse III* (sur le commerce
colonial), des *Discourses on the public revenues and on
the trade of England*, part II.

   b) *Dr Davenant's opinion anent the salt and malt taxes
in England.* Edinburg, 1706

Ce sont des extraits de l'*Essay upon the probable methods
of making a people gainers in the balance of trade*,
Edition de 1699, pp. 144 à 147, et 152 à 154.

L'un de ses *Discourses on the publick revenues and on the
trade of England. Part I*, le cinquième (sur les dettes
publiques d'Angleterre en 1698) a été traduit et inséré par
Forbonnais dans ses *Recherches et considerations sur les
finances de France depuis 1595 jusqu'en 1721*, édit. de
Liège, 1758, tome V, pp. 85 à 185.

A peu près tous les ouvrages qui viennent d'être mentionnés
se trouvent au catalogue de la Bibliothèque du Musée bri-
tannique (*British museum library*) de Londres, à la
rubrique *Davenant Charles*.

L'ŒUVRE ÉCONOMIQUE

DE

CHARLES DAVENANT

INTRODUCTION

—

Charles Davenant occupe une place importante parmi les économistes anglais de la fin du xvii° siècle : Locke, Barbon, North, Temple, Defœ. Ce fut lui qui continua l'œuvre ébauchée par William Petty, le « Père de la statistique », et il semble qu'il a fait faire de réels progrès à cette science encore dans l'enfance.

Davenant fut beaucoup attaqué de son vivant ; et, après sa mort, on n'a cessé de discuter son mérite. Certains prétendent qu'il s'est borné à répéter ce que d'autres avaient écrit avant lui. Mac-Culloch, dans sa *Literature of Political Economy*, lui reconnaît fort peu de qualités. « A peu près tout ce qui a quelque valeur dans son œuvre, dit-il, se trouve déjà chez Josiah Child (1). » D'autres affirment qu'il a beaucoup utilisé William Petty lui-même (2).

D'un autre côté, John Sinclair, qui, plus près de lui, paraît avoir porté sur son œuvre un jugement assez exact, le considère comme un économiste remarquable pour l'époque à laquelle il vivait. Il lui reproche pourtant d'avoir trop sacrifié a l'esprit de parti et de s'être trop laissé aller à son goût pour la statistique.

Enfin Charles Whitworth, qui forma un recueil de ses œuvres, l'apprécie hautement dans la Préface qu'il lui consacre : « Ses ouvrages, dit-il, sont à la base de l'organisation politique anglaise ; plusieurs mesures furent prises d'après les conseils qu'il prodigua dans ses écrits. »

Davenant a été beaucoup lu, notamment par Adam Smith et les Physiocrates. L'abbé Morellet dit dans ses Mémoires : que Vincent de Gournay avait parcouru d'excellents ouvrages d'économie politique anglais : ceux de Petty, Davenant, Gee, Child. De nos jours, il est encore fort estimé. W. Cunningham, dans *The growth of English industry and commerce in modern times* lui fait une place importante et le cite maintes fois à propos des questions commerciales et financières qui se posaient alors.

(1) Mac Culloch, *Literature of Political Economy*, 1845, page 352.

(2) Hjalsmar Schacht, *Der theoretische Gehalt des englischen merkantilismus*. Berlin, 1900, p. 28.

Davenant n'a pas encore été l'objet d'une étude spéciale. On trouve dans les encyclopédies des notices parfois assez détaillées sur sa vie et ses écrits. Même le grand économiste allemand, W. Roscher, a analysé son œuvre, succinctement du reste, dans *Zur Geschichte der englischen Volkswirthschaftslehre* (1851-52).

Il serait donc intéressant d'étudier cet aute , de savoir quel rôle il a joué dans l'histoire économique de l'Angleterre. Il vivait du reste à une époque critique pour cette nation, lorsque le mercantilisme, deja sérieusement transformé par les commercialistes, jetait ses derniers feux, et presque au moment où, sous la poussée des idées libre-échangistes, l'économie politique allait se dégager et former une science véritable et distincte.

Quelle méthode suivre dans ce travail? On pourrait rechercher dans l'œuvre de Charles Davenant les idées qu'il a émises sur chacune des grandes questions économiques et les grouper suivant l'ordre adopté par la plupart des traités d'économie politique moderne. Mais ce système aurait ici des inconvénients. On présenterait Davenant comme un théoricien ; ce serait, en somme, le défigurer, car, tout au contraire, il affecte d'écrire au jour le jour, un peu, semble-t-il, au hasard des événements, en quelque sorte à la façon du publiciste donnant son avis sur telle question d'actualité.

C'est pourquoi il serait préférable d'étudier, parallèlement à sa vie et à l'histoire commerciale et industrielle de l'Angleterre, chaque ouvrage ayant un caractere économique. Cette méthode aurait l'avantage de replacer l'auteur et son œuvre dans le milieu où il a vécu et ainsi de les mettre davantage en lumière ; puis elle convient mieux pour une époque où l'économie politique était encore confuse, sans démarcation aucune, sans divisions, en plein tâtonnement. Toutes les questions que traite successivement Davenant sont liées l'une a l'autre par leurs rapports avec les faits ; il est bien difficile de les isoler sans leur ôter tout l'interêt qu'elles présentent.

Pourtant cette méthode, si excellente qu'elle soit, présente l'inconvénient de ne donner en quelque sorte de l'auteur qu'une image brisée et en conséquence peu nette. Il faut donc essayer de combiner les deux manières.

Mais la seconde se complique de difficultés d'ordre historique. Elle nécessite en effet une connaissance approfondie de l'histoire économique et politique de l'Angleterre, à une époque encore mal connue dans ses détails.

Puisque le milieu a tant d'influence sur la pensée économique, il convient tout d'abord de présenter un état de la situation politique et économique de l'Angleterre, d'indiquer les questions à l'ordre du jour et de donner un aperçu du mouvement doctrinal à l'époque de Davenant. Il est bon également de connaître sa vie, si rares que soient les renseignements sur ce point ; dans bien des cas, elle éclaire sur l'attitude qu'il a prise dans maintes circonstances ; elle explique ses écrits et montre les motifs qui l'ont poussé dans un sens plutôt que dans l'autre. Parallèlement à sa vie, viendra l'analyse de ses divers ouvrages successivement à leur date. Enfin, en matière de conclusion, il importe de faire la synthèse des idées éparpillées dans l'œuvre de Davenant, de le comparer aux autres économistes et de montrer l'influence qu'il a exercée ; et ainsi sera déterminée la place qu'il occupe dans l'histoire des doctrines économiques.

§ 1er. — LE MILIEU (1).

Au cours des xvie et xviie siècles se sont opérés de grands changements en Europe. A l'éparpillement féodal a succédé la centralisation à outrance que motiva le réveil du sentiment national. En France, elle se fit en faveur du roi. Etablie par Richelieu, elle a conduit sous Louis XIV à l'absolutisme personnel. Mais en Angleterre, pays libre par excellence, il ne pouvait en être ainsi. Il y eut bien une tentative de ce genre sous Charles Ier ; le ministre qui la fit et le roi qui l'encouragea payèrent de leur tête cette

(1) Notamment. W. Cunningham, *The Growth of English industry and commerce in modern times*, part I, 1907.

expérience. Par là le peuple anglais manifesta son désir d'être le maître.

La dictature de Cromwell (1648-1660) fut éphémère. A la Restauration des Stuarts, la lutte reprit plus âpre entre le Parlement et le monarque. Deux partis se formèrent : les *Tories*, soutiens du prince, lui abandonnaient toute autorité ; les *Whigs*, défenseurs du peuple, voulaient mettre en pratique les théories de Hobbes sur l'omnipotence de l'État ; elles conduisirent du reste à la Révolution de 1688, qui décida en faveur de l'absolutisme parlementaire.

A la suite de ce mouvement, il se produisit une scission dans le parti Whig. Ceux qu'on nomma les *old Whigs*, mécontents de voir certains membres du parti, les *modern Whigs*, tourner la Révolution à leur profit, se rallièrent aux *Tories* et bientôt ne formèrent plus qu'un.

Les *modern Whigs* représentaient le parti de l'argent en face des agriculteurs et des commerçants. Ils assumèrent, en accaparant le pouvoir, une lourde responsabilité à laquelle ils n'étaient guère préparés. Disposant de sommes énormes pour le maintien du Gouvernement et les besoins de la guerre, ils se laissèrent aisément corrompre et l'ère des scandales financiers et électoraux s'ouvrit.

A l'extérieur, l'Angleterre était loin d'être dans une brillante posture sous les Stuarts. Battue par la Hollande, son roi devenu le protégé de la France à laquelle il avait vendu Dunkerque, elle se sentait humiliée vis-à-vis de ses deux puissantes rivales. Mais Guillaume d'Orange, en montant sur le trône, changea la situation. L'Angleterre devint l'alliée de la Hollande. De plus, ce prince haïssait la France. Il avait suscité contre elle, en 1686, étant stathouder, la conclusion du traité d'Augsbourg, entre la Hollande et les Etats allemands. Lorsqu'après la Révolution l'Angleterre vit Louis XIV recevoir à Versailles Jacques II en qualité de roi, elle adhéra à la Ligue en même temps que l'Autriche, l'Espagne et la Savoie. La guerre ne tarda pas à éclater. La France, d'abord victorieuse, fut défaite à La Hogue par l'Angleterre dont le prestige s'affirmait. Cette dernière sortit de la lutte grandie, ses finances et sa marine dans un état prospère; elle avait de nombreux alliés sur le continent. Vint ensuite, sous le règne suivant, la guerre de la succession d'Espagne, qui consacra définitivement la puissance de l'Angleterre vis-à-vis de la France écrasée.

L'Irlande et l'Ecosse étaient dans un état d'insurrection continuel sous les Stuarts. Guillaume pacifia la première dès le début de son règne; et la seconde s'unit définitivement à l'Angleterre en 1707, pour former le royaume de Grande-Bretagne.

La transformation maritime, industrielle et com-

merciale devait suivre la transformation politique.
Les résultats ne furent pas moins appréciables

Elle se manifesta en Europe à la suite des découvertes géographiques des xv° et xvi° siècles, qui offrirent de nouveaux débouchés et éveillèrent dans chaque nation le désir de coloniser.

L'Angleterre fut la dernière à suivre le mouvement d'expansion. Ce n'est que vers 1600, sous le règne d'Élizabeth, que sa vocation se dessine. Cette reine la dota d'une marine et assura de son appui tous ceux qui s'aventurèrent dans des régions inconnues pour fonder des comptoirs. Lentement, mais sûrement, l'Angleterre conquit sa place en s'attaquant à chacune des nations rivales, si bien qu'au xviii° siècle elle se trouva en possession d'un immense empire colonial.

Pourtant, sous les derniers Stuarts, il y eut une sorte de découragement national. L'agriculture faisait peu de progrès; de vastes étendues restaient en friche; la terre labourable et les pâturages ne représentaient que la moitié de la superficie du royaume et les méthodes de culture laissaient à désirer. On s'adonnait de préférence à l'élevage, qui demande moins de peine et de bras. La population, du reste, était clairsemée. Il y avait, en dehors de Londres, peu de villes importantes et les moyens de communication faisaient presque défaut.

L'industrie était peu développée : on n'exploitait

guere les mines, sauf celles d'étain. La laine formait l'objet principal des exportations; mais la Hollande était sur ce point une concurrente redoutable. Enfin le commerce extérieur naissait à peine.

En outre, divers fléaux s'abattirent sur l'Angleterre. En 1665, la peste éclata dans Londres et fit plus de 100.000 victimes. Peu de temps après, un incendie détruisit tout un quartier de la ville. Enfin des guerres continuelles épuisaient le Trésor et obligeaient le gouvernement à recourir aux expédients.

Humiliée, affaiblie vis-à-vis de ses rivales, l'Angleterre se laissa aller à un profond découragement que reflètent les écrits de maints économistes du temps, en particulier Samuel Fortrey.

Telle était à peu près la situation au moment où les Whigs prirent le pouvoir. Plusieurs questions étaient à l'ordre du jour. On se trouvait devant deux systèmes : ou développer l'industrie nationale et protéger l'exportation de ses produits, ou bien développer le commerce extérieur et protéger l'agriculture.

Si on avait surtout en vue le développement de l'industrie nationale, il fallait poursuivre la politique protectionniste inaugurée par Cromwell en Angleterre : dresser des barrières douanières entre elle et les nations rivales, afin de protéger l'expor-

tation de ses propres produits ; interdire la consommation des produits étrangers pouvant nuire à l'industrie nationale, tels que les articles des Indes, certaines marchandises françaises.

C'est ce que firent les Whigs, qui voyaient dans
l'industrie le facteur principal de la prospérité économique. Ils consacrèrent de plus en plus le système
protecteur, augmentèrent les mesures prohibitives
de l'Acte de navigation de Cromwell, qui, maintes fois
remanié, fut complété en 1696 et devint en quelque
sorte la charte maritime de l'Angleterre.

Tout différent était le système préconisé par les
Tories. Ils n'encourageaient guère l'industrie et se
montraient hostiles à l'établissement de manufactures étrangères, telle que celle de la soie. Ils considé-
raient les tarifs douaniers et l'Acte de navigation
comme nuisibles au commerce, qu'ils voulaient libre
ou soumis à des droits modérés. Aucune branche
du commerce, même défavorable à l'Angleterre, ne
devait être négligée. Les colonies leur apparaissaient
comme indispensables à la métropole à laquelle ils
désiraient les voir unies par des liens très étroits,
les soumettant ainsi à un contrôle sévère. Enfin ils
étaient dans une certaine mesure agrariens : l'agriculture devait être protégée et encouragée ; les propriétaires méritaient d'être dégrevés des lourdes
charges qui pesaient sur eux ; l'impôt devait se ré-
partir équitablement sur tous, aussi bien sur les

capitalistes que les Whigs ménageaient, que sur les gens de la campagne.

C'est qu'en effet à toutes les difficultés présentes s'ajoutait la question financière. Les guerres devenaient longues et très coûteuses. Les revenus de la Couronne ne pouvant plus suffire aux dépenses courantes, on songea aux impôts permanents, mais les frais des deux dernières guerres avec Louis XIV furent tels qu'il fallut recourir à l'emprunt et c'est du règne de Guillaume III que date la dette publique de l'Angleterre. On créa en 1694 la Banque nationale à cet effet ; elle négocia la plupart des emprunts d'Etat. D'autre part, pour satisfaire a ses dépenses, le gouvernement se fit faire des avances sur les revenus des années suivantes. Il employa de nombreux expédients : annuités, loteries, bons du Trésor..., et le résultat fut qu'il greva l'avenir d'une lourde dette. Or, les Tories étaient hostiles à cette manière d'agir ; ils préféraient qu'on levât tout d'un coup une grosse somme en frappant certains articles de consommation d'un impôt atteignant naturellement tout le monde.

§ 2. — LE MOUVEMENT DOCTRINAL (1).

Les faits ont une grande influence sur la doctrine

(1) A Dubois, *Précis des doctrines economiques*, 1903 — Luigi-Cossa, *Guida allo studio dell'economia politica* — Maurice Pasquier, *W. Petty. Ses idées économiques*, 1903.

économique, qui varie suivant le milieu et les questions à l'ordre du jour. Le mercantilisme s'explique
par l'extraordinaire développement de l'industrie et
du commerce au xvii° siècle. Parfois aussi, la doctrine réagit contre le système en vigueur et donne
cours à un nouvel ordre d'idées.

Elle a suivi a peu près l'évolution politique, industrielle et commerciale de l'Angleterre. Ce fut d'a-
bord, vers la fin du xvi° siècle et le début du xvii°
siècle, l'ère du bullionisme et de la balance des
contrats, correspondant à l'appétit de l'or qui se
manifeste chez les Européens à la suite de la décou-
verte des mines d'Amérique. Les économistes anglais, Th. Milles en tête, partant de l'idée que l'or
et l'argent sont la totalité de la richesse, proposent,
pour attirer et conserver les métaux précieux destinés à enrichir la nation, divers procédés tels que
l'interdiction d'exporter le bullion et le numéraire,
l'élévation artificielle du taux de l'intérêt.

Mais ce système fut brillamment réfuté par Thomas Mun, le théoricien de la balance du commerce
qu'il expose dans *England's treasure by foreign trade*
(l'Enrichissement de l'Angleterre par le commerce
extérieur) publié seulement en 1664. Il substitue
aux procédés rudimentaires des bullionistes un système plus scientifique et s'inspire de l'exemple donné par la prospérité étonnante de la Hollande qu'il
analyse. Le meilleur moyen de faire affluer l'or et

l'argent dans un pays est d'avoir une balance générale favorable, c'est-à-dire que la somme des créances sur l'étranger doit l'emporter sur celle des dettes.

Peu importe qu'une certaine quantité d'argent soit
exportée si elle doit faire rentrer une quantité plus
considérable d'argent ou de marchandises. Ce qu'il
faut voir, ce n'est pas le résultat de tel trafic, mais
l'ensemble des opérations, le commerce global de
l'Angleterre. Pour que la balance soit favorable, il
faut : développer la production des denrées et des
matières premières, des objets manufacturés ; s'abstenir d'un luxe exagéré ; exporter le superflu des
matières premières nationales ; développer la marine
marchande et l'industrie de la pêche ; enfin, faire
du pays comme l'entrepôt du trafic international.
Mun indique également de quelle façon il faut établir
cette balance.

Mais il reste partisan du taux élevé de l'intérêt,
car il pense qu'il est inhérent à la prospérité économique.

Plus tard Sir Josiah Child (1630-1699) reprend la
théorie de la balance du commerce (1) et, comme
Mun, analyse la prospérité de la Hollande ; mais il
l'attribue au faible taux de l'intérêt. Il en désire
vivement l'abaissement législatif en Angleterre, et y
voit de nombreux avantages : cela amène la hausse

____

(1) *Brief observations concerning trade and the interest of money*
(Brèves observations sur le commerce et l'intérêt de l'argent),
1668.

de la valeur des terres, active le commerce extérieur,
car les capitalistes, étant obligés de rechercher des
placements rémunérateurs, placent alors leurs
capitaux dans les entreprises commerciales.

Il constate d'autre part les difficultés qu'on rencontre lorsqu'il s'agit d'établir la balance du commerce. Il indique, comme étant le meilleur moyen
de se rendre compte si la balance est favorable,
celui qui consiste à voir si la marine marchande
croît ou décroît.

Comme Mun il critique vivement les procédés
bullionistes ; de plus, il s'attaque au système des cor-
porations, à la réglementation de la fabrication ; en
cela il se montre libéral ; mais il admire l'Acte de
navigation de Cromwell, qu'il considère comme l'instrument principal de la puissance maritime de l'Angleterre. Enfin, c'est lui qui expose la théorie du
Pacte colonial.

A ces mercantilistes modérés et confiants dans
l'avenir, il faut opposer ceux dont les écrits reflètent
le découragement qui s'empara un moment de la
nation. Ces pessimistes, notamment l'auteur do
Britannia Languens (1680) et Samuel Fortrey (1622-
1681), voient dans le commerce passif avec la
France une cause de décadence pour l'Angleterre.
Comme les anciens bullionistes, dont ils parais-

sent être les successeurs, ils considèrent avec effroi toute exportation d'or et d'argent. Ils se montrent nettement industrialistes et déplorent la concurrence ruineuse de l'Irlande dans l'industrie de la laine.

L'un d'eux, John Pollexfen, dans deux ouvrages (1), s'élève vivement contre le commerce des Indes qui non seulement ferait perdre 400.000 l. st. par an à l'Angleterre, mais nuirait également à son industrie nationale. Or le Gouvernement de Guillaume III lui donna raison en prohibant la consommation des articles des Indes en Angleterre, il poursuivait du reste la politique protectionniste de Cromwell et ses vues concordaient bien souvent avec celles de ces écrivains pessimistes. On comprend alors l'impression profonde produite par les révélations de *Britannia Languens* sur la décadence certaine des grandes manufactures nationales, due au luxe grandissant et à l'énorme consommation de produits étrangers !

On constate chez certains écrivains, comme William Petty (1623-1687) et Locke (1632-1704) (2) des tendances libérales assez prononcées. Petty a profondément altéré le mercantilisme. Il n'est pas, à

(1) *England and East India inconsistent in their manufactures* (1697) et *A Discourse of trade*, coin., 1696.
(2) Locke partage sur bien des points les idées de Petty.

proprement parler, un adversaire de ce système, puisqu'il reste partisan de l'accumulation des métaux précieux par une balance du commerce favorable. Mais sur la plupart des points, ses conceptions sont libérales. Il s'élève avec énergie contre les lois qui prohibaient encore en 1682 l'exportation libre de l'or et de l'argent. Il s'oppose en principe à tous droits aussi bien a l'importation qu'à l'exportation, puisqu'ils entravent la liberté du commerce. Pour la même raison, il est hostile à l'Acte de navigation (dont il affecte de ne pas parler dans ses écrits) et au l'acte colonial.

Il estime que l'argent ne constitue pas la totalité de la richesse, mais en est seulement la forme la plus commode. L'or et l'argent ont l'avantage d'être plus maniables, moins encombrants, plus recherchés que les autres marchandises ; aussi les a-t-on pris comme valorimetres. Mais dans un pays où il n'y en a pas une quantité suffisante, on peut leur substituer un équivalent, développer le crédit et créer des banques à cet effet.

Il considère la terre et surtout l'industrie comme les sources de la richesse ; donc il importe d'avoir une population considérable, parce que c'est une cause de prospérité économique. Aussi Petty voit-il d'un mauvais œil toute tentative d'expansion coloniale, tant que l'Angleterre n'est pas suffisamment peuplée. Or, il calcule que, mieux mise en valeur, elle pourrait (à son époque) contenir quatre fois plus d'habitants.

Il pose en principe le droit à l'assistance, car il est juste de venir en aide aux indigents, lorsqu'ils sont infirmes ou qu'ils manquent de travail. Mais on devra exiger des pauvres valides nourris par l'Etat un travail quelconque : ils seront employés sur les routes, dans les mines. Quant aux paresseux, on les forcera a travailler.

Petty s'est également beaucoup occupé des questions financières. Il faut que l'impôt soit levé dans de justes proportions, sinon il conduira le pays au désordre et à la guerre civile ; aussi Petty détermine quelles doivent être les qualités d'un bon impôt. Il critique la plupart des procédés fiscaux de son époque et recommande la capitation et les impôts indirects sur la consommation ou *excises*.

Il est, avec Graunt, l'inventeur de la statistique investigatrice, qui lui a beaucoup servi, surtout pour ses études sur la population et les revenus publics.

Vers la fin du xviie siècle se dessine un mouvement nettement anti-mercantiliste, qui prendra de l'ampleur au siècle suivant et aboutira au libre-échangisme.

Nicolas Barbon, dans le *Discourse of trade*, paru en 1690, a fort bien réfuté le système de la balance du commerce. Mais sir Dudley North, également un adversaire du mercantilisme, a mieux étudié la monnaie dans *Discourse upon trade* (1691). Il considère que l'or et l'argent n'ont surtout de valeur que comme moyen d'échange.

Telle est la situation au moment où Davenant compose ses ouvrages sur le commerce et les finances. Dans quelle catégorie convient-il de le ranger, c'est ce que fera apparaître l'analyse de son œuvre.

CHAPITRE PREMIER

La jeunesse de Davenant.

Charles Davenant est le fils aîné du fameux poète William Davenant. Si son père eut une vie agitée, ferlile en événements de toutes sortes ; la sienne du moins fut beaucoup plus calme, à peine marquée par quelques incidents (1).

Né à Londres en 1656, il fit ses études à Cheam en Surrey, sous la direction de Mr George Aldrich, de Cambridge (2). Dès ce moment, il montra des aptitudes remarquables.

En 1671, il entra à Balliol College, mais quitta l'université d'Oxford sans prendre ses degrés (3). Il vint ensuite à Londres, où il donna, au théâtre du duc d'York, en 1675, n'ayant encore que 19 ans, une tragédie intitulée *Circé* qui fut imprimée en 1677 avec un Prologue de Dryden et un Epilogue du comte de Rochester ; il y eut de cette œuvre trois éditions successives.

(1) On a du reste fort peu de renseignements sur sa vie. Les notices biographiques les plus complètes sur Davenant sont celles de *Biographia Britannica* et du *Dictionary of National Biography*.

(2) *Athenæ Oxonienses*, édit. Bliss, vol. IV, col 476

(3) *Fasti Oxonienses*, édit Bliss, vol. IV, col 373.

Malgré le succès remporté par cette tragédie, il renonça dès lors à l'art dramatique pour se livrer entièrement à l'étude des lois, et obtint le titre de docteur en droit (1).

En 1685, Davenant fut élu avec James Saint-Amand pour représenter le bourg de Saint-Yves en Cornouailles dans l'unique parlement de Jacques II, qui siégea du 19 mai au 20 novembre 1685, fut prorogé jusqu'au 22 novembre 1687, mais en fait dissous le 2 juin 1686 (2).

A peu près à la même époque, le roi l'adjoignit à l'intendant des Spectacles de la Cour, afin d'examiner les pièces de théâtre sous le rapport de la décence et de la morale.

En 1683, l'*excise*, qui pendant longtemps avait été affermée, fut de nouveau placée sous l'administration directe de l'Etat et confiée à une Commission de 6 membres. Davenant fut du nombre et occupa cette haute fonction jusqu'en 1689.

Il est probable qu'avant d'être élevé au rang de commissaire, il dut avoir un poste plus modeste dans cette branche importante des revenus publics, où il révéla ses brillantes qualités d'administrateur.

(1) A quelle université? on ne sait au juste. D'après *Athenæ Oronienses*, ce fut par « favour and money » à l'université de Cambridge ou de Dublin ; d'après *Biographia Britannica*, a l'université de Cambridge. Or le nom de notre économiste ne figure pas sur la liste des gradués ni de l'une ni de l'autre

(2) Cobbett. *Parliamentary History of England*, 1808 ; vol IV, p. 1343.

La Révolution arriva. Entièrement acquis aux idées qui l'avaient amenée, Davenant préféra rester fidèle aux principes du vieux parti Whig (*old Whigs*). Tant que les *modern Whigs* eurent le pouvoir, c'est-à-dire pendant près de 10 ans, il n'avait pas à espérer une charge quelconque, pas plus qu'un siège au Parlement. Il s'enferma dans une retraite laborieuse et élabora ces ouvrages politiques et économiques qui firent sa renommée.

Sa parfaite connaissance des lois et de la constitution du royaume, l'habileté avec laquelle il appliqua les principes posés par William Petty en matière de statistique, y contribuèrent pour beaucoup.

Ses écrits lui suscitèrent une foule d'ennemis, ceux-là même qu'il stigmatisait avec tant de violence : les politiciens, les hommes d'argent, qu'il compare à des frelons.

Il n'y eut pas un seul de ses ouvrages qui ne fût l'occasion de quelques pamphlets ; les auteurs de ces libelles essayèrent de le représenter comme un séditieux ne visant qu'à renverser le Gouvernement. Or ses premières œuvres parurent quelques années après la Révolution, dont il adopte entièrement les principes ; il y loue souvent les vertus et la valeur de Guillaume d'Orange ; et si les adversaires de Davenant ne se firent aucun scrupule de jeter le doute sur ses idées, c'est peut-être parce que, durant le règne de ce prince, il se montra toujours en opposition avec le ministère dont il ne cessa de critiquer la conduite et d'attaquer les actes, dans le but uniquement de rendre service à sa patrie en exposant les erreurs de ceux qui étaient à la tête du Gouvernement.

S'il eut beaucoup d'ennemis, il put du moins se consoler à voir l'empressement avec lequel ses écrits furent accueillis par le public, qui l'approuva sur bien des points et sut apprécier son œuvre tant à cause de l'importance des sujets traités que du savoir qu'elle renfermait.

On a prétendu que l'attitude de Davenant vis-à-vis du ministère est due surtout à la circonstance suivante : il aurait parié, de concert avec les Tories, lors de la guerre de la ligue d'Augsbourg, que l'armée des alliés ne serait pas victorieuse dans les Flandres et ne pourrait prendre Namur ; ayant perdu son pari, il se serait vengé en écrivant contre le Gouvernement (1).

Or, ses livres sont écrits dans un esprit tout différent. Ils nous présentent, au contraire, l'auteur comme désireux de voir la guerre couronnée de succès et la France écrasée. Tel est du moins ce qui se dégage de son premier ouvrage : *An Essay upon ways and means of supplying the war (Essai sur les voies et moyens de subvenir aux frais de la guerre).*

(1) Oldmixon, *History of England during the reigns of William and Mary, Anne. George I , being the sequel of the reigns of the Stuarts,* 1735, p. 118.

CHAPITRE II

La situation en 1695 d'après l'*Essay upon ways and means of supplying the war*

L'*Essay upon ways and means of supplying the war* parut en 1695. Davenant y met en valeur ses qualités de statisticien remarquables à une époque où cette science était encore dans l'enfance. La perspicacité avec laquelle il analyse la nature des divers fonds publics lui acquit une telle réputation que, pour assurer le succès des ouvrages subséquents, il les signa presque tous depuis : *The author of the Essay upon ways and means.*

Cet ouvrage est riche en observations de toutes sortes. On y voit déjà en germe les idées qui lui sont chères, sur lesquelles il aimera à revenir bien des fois, tant son désir est grand de convaincre ceux auxquels il s'adresse plus particulierement, aux *Country gentlemen* (1).

Davenant commence par mettre en garde contre

(1) *Discourses on the public revenues and on the trade of England*, 1698, part II, p. 320

une opinion assez répandue dans les milieux officiels.
On a cru, parce que les alliés remportèrent quelques
succès, que la guerre avec la France (1) n'allait pas
durer. Cette erreur fit beaucoup de tort aux affaires;
on vota des impôts en conséquence, insuffisants dans
le cas où la lutte serait longue (2).

La France est loin d'être vaincue; certes elle ploie
sous le faix des charges publiques, le peuple vit dans
une profonde misère, mais la gloire du monarque
lui fait supporter ses maux avec patience. Il faudrait,
pour mettre un terme à l'ambition de Louis XIV, lui
enlever ses fameuses places-fortes (3). L'Angleterre
doit donc poursuivre la lutte jusqu'à ce qu'elle
obtienne une paix honorable, et, à cet effet, il importe
de lever des impôts qui subviennent largement aux
frais de la guerre; car maintenant ce n'est plus seulement le courage qui décide ; la victoire appartient
à la nation qui possède les meilleures finances : l'argent est le nerf de la guerre (4).

En outre, Davenant observe qu'un peuple suppor-
tera d'autant mieux une longue guerre que les taxes
seront réparties avec plus d'équité. C'est pourquoi
il examine la situation respective des parties, celle
de la France et celle des alliés, puis passe en revue

(1) La guerre de la ligue d'Augsbourg (1688-1697).
(2) *An Essay upon ways and means of supplying the war*, 1695,
pp 1 et suiv.
(3) *Essay upon ways and means*, p 14.
(4) *Essay upon ways and means*, pp. 20 et 27.

les divers revenus publics de l'Angleterre, les fonds
sur lesquels repose la dette.

Le rendement net des impôts, de 2.001.855 l. st.
en 1688, tombe à 1.570.318 l. st. en 1693 (1),
somme bien insuffisante pour subvenir aux charges
croissantes d'une guerre coûteuse. Pour combler
le déficit, on a eu recours à l'emprunt, aux billets
d'anticipation sur les revenus des années suivantes.

Davenant s'élève contre cette habitude contractée
depuis peu (2) par le gouvernement. Un tel procédé
a de gros inconvénients. Il entraîne la nation dans
une dette qui, s'y on n'y prend garde, deviendra
énorme. Consentis à un taux très élevé, 8 0/0 le plus
souvent, ces emprunts détournent les capitaux du
commerce et de l'industrie. Le placement est à la
fois plus sûr et plus rémunérateur (3). En outre,
comme ils ont pour gage le produit de certains impôts, ils immobilisent ces revenus pendant un grand
nombre d'années.

Il reviendra maintes fois sur cette question, cher-
chant les moyens de pourvoir aux dépenses, en
somme de boucler le budget, sans recourir aux
emprunts. Comme bien des économistes d'alors, il

(1) *Essay upon ways and means,* pp 36 et 37.

(2) La Dette actuelle de l'Angleterre date de la Révolution de
1688 A l'avènement de Guillaume d'Orange, elle n'était que de
665 000 l st avec une rente annuelle de 31.000 l st. A sa mort,
elle montait à 21 000 000 l st , et les intérêts à 2 000 000 l st.

(3) *Essay upon ways and means,* pp. 42 et suiv

a son plan de réfoimes fiscales, plan fort ingénieux, qui, s'il eût été suivi à temps, eût peut-être évité de glisser sur une pente fatale.

En définitive, il propose les *ercises*, c'est-à-dire les impôts indirects sur la consommation, comme le moyen le plus propre à subvenir aux frais d'une longue guerre (1). Elles se répartissent d'elles-mêmes également sur tous et leur rendement peut être considerable. Il calcule qu'on aurait dans les 4.800.000 l. st. par an, et les 800.000 familles imposables sur les 1.500.000 que forme la nation, payeraient en *excises* simplement 6 l. st. chacune en moyenne (2).

Cet impôt aurait l'avantage d'atteindre tout le monde. Jusqu'ici, on a surtout frappé la terre et le commerce extérieur, qui ne représente que le tiers des ressources de la nation ; le reste echappe a l'impôt. De cette façon, les hommes de loi, les usuriers, les débitants qui font des bénéfices énormes contribueraient enfin aux charges publiques (3).

Mais la disproportion entre ce que consomment les riches et les pauvres ferait retomber les *excises* plus lourdement sur ces derniers ; aussi serait-il bon d'opérer une compensation en chargeant les articles de luxe et taxant légèrement les objets de première nécessité.

(1) *Essay upon ways and means*, p 120
(2) *Essay upon ways and means*, p 121
(3) *Essay upon ways and means*, p 122.

Loin d'être impopulaires et vexatoires comme la capitation, les *excises* se font à peine sentir, puisqu'à chaque instant le peuple en paie une portion respectable sans s'en douter ; c'est un impôt commode, puisqu'en quelque sorte on se taxe soi-même, en consommant selon son désir.

On objectera qu'on ne peut lever une *excise* sans qu'immédiatement les commerçants n'augmentent le prix du produit au delà de la valeur du droit. Mais, pense Davenant, il suffit, pour écarter cette observation, d'une loi fixant le prix des denrées (1).

Or, plus tard (2), l'auteur de l'*Essay upon ways and means* se rétracte, comme il le dit lui-même, et il en donne les raisons. « Après avoir mieux réflé-
« chi sur ces matières, je me rétracte de mon opi-
« nion, et je crois qu'une pareille police est impra-
« ticable et tout à fait contraire aux progrès de
« l'industrie ; avec cette différence cependant qu'elle
« peut être avantageuse dans le cas où la denrée
« est uniforme dans sa nature, de façon que l'un ne
« peut la donner meilleure qu'un autre, comme le
« pain et le sel ; mais je pense qu'il est plus conve-
« nable aux intérêts du public de ne point fixer le
« prix sur des denrées que l'industrie peut amélio-

(1) *Essay upon ways and means*, p. 12.
(2) *Discourses on the public revenues and on the trade of England*, 1698, part. I, p. 2.5.

« rer, comme la viande, les boissons. C'est un
« encouragement qu'il faut laisser à ceux qui, par
« leur travail et leur habileté, voudront s'y dis-
« tinguer des autres et acquérir la préférence de
« la vente. »

Et il ajoute : « J'ai d'autant moins de honte a
« reconnaître cette erreur, ainsi que toutes celles
« dans lesquelles je pourrai tomber dans ces *Dis-*
« *courses*, que la matière que je traite étant neuve
« et difficile, j'ai eu très peu de secours a tirer des
« livres (1). »

Les articles de consommation qui conviennent le
mieux à une *excise* sont ceux dont le volume en
rend le transport difficile et ne permet guère de les
dissimuler ; qui soumettent le moins possible de
commerçants aux visites des employés et ne néces-
sitent que très peu d'agents, car il est à craindre
qu'un trop grand nombre, en voulant user de leur
influence sur les élections, ne mettent la liberté en
danger (2).

Les boissons, les céréales, les pois, les haricots,
la viande, les cuirs, le suif peuvent faire l'objet d'un
impôt de ce genre.

L'*excise* sur la bière, qui produisit pour l'année
finissant au 24 juin 1689 la jolie somme de 738.696

(1) *Discourses upon the public Revenues and on the trade of
England*, part. I, p. 256.
(2) *Essay upon ways and means*, pp. 131 et 133

l. st. (1), servira de modèle aux autres. De plus, la capitation ayant permis d'évaluer la population et les ressources de chaque famille, il est donc facile de calculer ce que telle *excise* rapportera (2).

Lorsqu'on se trouve devant un article nuisible à la santé du peuple ou à ses intérêts, comme l'eau-de-vie, le meilleur moyen d'en supprimer l'usage est de le frapper d'une taxe si forte que cela corresponde a une prohibition. Si, comme disent les médecins, l'alcool fait perdre l'appétit, la consommation de la viande et du pain diminue. Il est vrai qu'en revanche plus on consomme de boissons fortes, plus l'impôt qui les grève est productif. Ainsi l'*excise* sur l'eau-de-vie finit par rapporter 140.000 l. st. en 1689 (3).

Les *excises* sont aussi un moyen de refréner le luxe. En frappant de droits très élevés certains articles, leur prix monte et la consommation en diminue. Le peuple devient plus économe et la nation s'enrichit (4).

Tels sont les avantages que Davenant voit dans ce genre d'impôt. « Mais si la nation n'accepte pas les

---

(1) C'était justement la dernière année de la Commission dont Davenant fit partie et qui, par une administration habile et probe, réalisa d'importantes améliorations dans cette branche des revenus publics.

(2) *Essay upon ways and means*, pp 134 et suiv.

(3) *Essay upon ways and means*, p. 138.

(4) *Essay upon ways and means*, pp. 138 et 139.

« *excises* de son plein gré avec l'intime conviction
« qu'elles sont le meilleur moyen de subvenir aux
« frais de la guerre, il n'y faut pas songer ; car si
« elles l'emportent à une faible majorité contre les
« vœux d'une bonne partie de la Chambre des Com-
« munes, elles en sortiront si déformées et si diffi-
« ciles à mettre en pratique qu'elles n'engendront
« que protestations et peu d'argent (1). »

Les *excises* se feront moins sentir si toutes les
forces vives sont bien employées; car la véritable
richesse d'une nation, c'est la population. Chacun
doit concourir à l'œuvre commune de la production,
sauf les faibles et les infirmes, qui ont droit à des
secours.

Davenant critique âprement la taxe des pauvres (2),
qui, loin de venir en aide aux vrais indigents, ali-
mente la paresse et le vice.

Pour remédier à cet état de choses, il préconise
l'un des premiers la création de *work-houses* (3) dans

(1) *Essay upon ways and means*, p. 139.
(2) La taxe des pauvres (*poor rates*), impôt foncier local, fourni
par les paroisses, alla sans cesse en augmentant. Vers la fin du
règne de Charles II, elle rapportait 662 362 l. st., c'est-à dire
presque la moitié des revenus ordinaires de la couronne. C'était
une lourde charge qui pesait sur les terres.
(3) L'accroissement continuel de la taxe des pauvres donna
l'idée de construire des maisons destinées aux indigents. Cette
question engendra toute une littérature. En 1646, *Stanley's re-
medy*, en 1648, sir John Cooke, *Unum necessarium*, en 1649,
Peter Chamberlen, *Poor man's advocate*, en 1683, Mathieu Hale,
Provision for poor —, et bien d'autres projets. Voir, à ce sujet,

toutes les villes ; les juges de paix auraient le pouvoir de contraindre les fainéants au travail.

Si donc on employait tous les individus valides, l'industrie se développerait à un tel point que l'État s'enrichirait [prodigieusement, et les pauvres ne seraient plus une charge, mais une source de richesse (1). Le peuple, n'ayant plus à payer une taxe aussi lourde pour leur entretien, supporterait mieux le poids de la guerre.

La population étant la véritable richesse d'une nation, il vaut mieux qu'un peuple manque d'espace qu'un pays d'habitants. L'Espagne, malgré ses mines d'or et d'argent et ses avantages naturels, est pauvre, car la main d'œuvre y fait défaut ; au contraire, la Hollande, pays peu étendu, avec de mauvais ports et un climat affreux, est riche et prospère, parce qu'elle regorge d'habitants, et que la nécessité rend actif, économe et laborieux (2).

Si l'Angleterre était suffisamment peuplée, la valeur de la terre et des fermages augmenterait avec d'autant plus de certitude qu'on se trouverait plus près d'une cité populeuse.

W Cunningham, *The growth of english industry and commerce in modern times*, part 1, pp. 572 et suiv

En 1696, John Locke propose l'établissement d'écoles du travail ; et, en 1697, un acte du Parlement autorise John Cary à construire un *workhouse* à Bristol

(1) Davenant reviendra à plusieurs reprises sur cette question : *Essay on East India Trade*, p. 28, et *Essay upon the probable methods of making a people gainers in the balance of trade*, pp. 50 à 69.

(2) *Essay upon ways and means*, pp. 114 et suiv.

L'auteur de l'*Essay upon ways and means* propose alors, pour accroître la population, d'attirer les étrangers par certains avantages (1).

On craint, il est vrai, que les étrangers n'ôtent le pain au peuple, en travaillant à meilleur compte, et que, dans l'avenir, ils se trouvent assez forts pour s'imposer aux indigènes. On va même jusqu'à dire qu'en tolérant leurs croyances c'est nuire à l'Église.

« Or, Dieu protège sa propre cause au milieu de
« tant d'erreurs, et toutes ces hérésies offriront
« aux membres du Clergé l'occasion de rendre plus
« manifeste leur savoir et leur piété (2). »

La douceur des lois anglaises attirera une foule d'étrangers opprimés dans leur patrie où sévit le despotisme.

Grâce à un tel apport, les *excises* se feront bien moins sentir. Aussi a-t-on objecté : Elles pèseront si peu sur le peuple que le Gouvernement, un jour ou l'autre, persuadera les Chambres de les transformer en une ressource perpétuelle pour la Couronne (3). Un revenu aussi considérable rendrait le roi indépendant du Parlement désormais inutile (4).

(1) Il reprendra cette question dans *Discourses upon the public revenues and on the trade of England*, part II. p 202, et *Essay upon the probable methods of making a people gainers in the balance of trade*, pp 27 et suiv

(2) *Essay upon ways and means*, p 147.

(3) L'*excise* avait été assignée à la Couronne, Guillaume III l'avait à vie

(4) *Essay upon ways and means*, p. 149.

Or il y aura toujours aux Communes des gens qui veilleront à ce que l'existence du Parlement ne soit pas menacée ; les uns pour se faire bien voir du peuple, les autres pour satisfaire leur mécontentement, et quelques-uns par simple amour de leur pays(1). Puis, si le roi était un despote soutenu par une forte armée, à peine lèverait-il le tiers de ce que les revenus rapportent sous un régime de liberté politique. Enfin « toute taxe importante est suffisamment « lourde, pour que l'Assemblée nationale ait intérêt « à s'en défaire, des que le besoin qui l'a introduite « ne se fait plus sentir (2) ».

D'accord avec Locke, Davenant reconnaît qu'en définitive tout impôt retombe sur la terre et, quoiqu'elles ne la frappent pas directement, les *excises* pèseront assez lourdement sur les gens de la campagne, pour qu'ils en demandent la suppression, après la guerre. Elles ne sont légères que parce qu'on les compare aux autres impôts et qu'elles se répartissent avec plus d'équité sur la masse ; car, en somme, toute taxe importante ne cesse d'être une charge publique (3).

Il faut bien plutôt se défier des impôts fonciers, car s'ils grèvent trop lourdement les agriculteurs, ceux-ci, de leur nature peu économes, ne tarderont

(1) *Essay upon ways and means,* p. 150.
(2) *Essay upon ways and means,* p 153.
(3) *Essay upon ways and means,* p. 153.

pas à se livrer aux usuriers qui, a la longue, deviendront propriétaires du sol et la nation se verra représentée par le parti de l'argent.

Les *excises* ne sont donc, en définitive, qu'un expédient admirable pour subvenir aux frais de la guerre; mais dès que la paix se trouve rétablie, elles n'ont plus aucune raison d'être et il vaut mieux les ôter.

Si on persiste à considérer les *excises* comme trop dangereuses pour la liberté, l'auteur de l'*Essay upon ways and means* estime alors qu'une taxe de 4 sh. par livre sur la terre et sur les revenus mobiliers, et une capitation trimestrielle, répartie avec équité, suffiraient à peu près aux besoins de la guerre (1).

(1) *Essay upon ways and means*, p. 160

CHAPITRE III

Le Commerce des Indes

L'année suivante parut un opuscule intitulé : *An essay on the East India Trade, by the author of the Essay upon ways and means* (*Un essai sur le commerce des Indes orientales*) ; sous la forme d'une lettre au marquis de Normanby.

Le commerce des cotons et des soies des Indes prenait de plus en plus d'extension. Les tisserands et les drapiers de Norwich, qui se sentirent lésés par ces importations, demandèrent au Parlement d'édicter des mesures prohibitives (1). Les arguments furent ceux des défenseurs du mercantilisme.

Davenant, sans vouloir discuter le principe de cette doctrine, estima ce commerce très avantageux pour l'Angleterre. C'est pour le prouver qu'il écrivit son *Essay on the East India trade*.

Il part de ce principe qu'une nation ne s'enrichit

(1) *Reasons humbly offered for the passing of a bill for the hindering of the consumption of East India Silks, by T S , a weaver of London,* 1697.

vraiment qu'en développant son commerce extérieur. Certes les importations des Indes ne sont pas un bienfait pour l'Europe, car on introduit de cette façon sur ses marchés des articles fabriqués et offerts à bien meilleur compte; mais certaines nations peuvent y trouver des avantages appréciables, et il entend par là l'Angleterre et la Hollande, qui sont des contrées essentiellement commerçantes.

En 200 ans, l'Europe a importé 800.000.000 l. st. d'or et d'argent, dont 150.000.000 ont pris le chemin des Indes. Ce n'est pas une raison pour que l'Angleterre abandonne ce commerce dont s'emparerait aussitôt un autre peuple non moins industrieux; d'autant plus que, depuis de longues années, les Européens se sont habitués aux articles de luxe en provenance des Indes et ne sauraient plus s'en passer (1).

Les pays qui souffrent réellement de cet état de choses sont ceux qui, comme la France, l'Espagne, les Etats allemands, consomment ces objets sans avoir un commerce suivi avec les Indes, car ils se voient obligés de payer en espèces. Seules l'Angleterre et la Hollande font des échanges avec ces contrées lointaines; or, ces deux nations ne représentent que le dixième de l'Europe.

(1) *Essay on the East India Trade* (1696), réimpression à la suite des *Discourses on the publick Revenues and on the trade of England*, part. II, 1698, p. 12.

L'Angleterre exporte aux Indes 400.000 l. st. par an, en *bullion* et produits manufacturés, contre 400.000 l st. d'articles de luxe, dont la moitié est consommée chez elle. Le reste, 200.000 l. st., réexporté en Europe, s'y vend 800.000 l. st.; soit un bénéfice net de 600.000 l. st. (1).

Davenant remarque que : de 1656 à 1688, l'Angleterre n'a cessé de s'enrichir et que, vers 1688, la fortune publique devait s'accroître de 2.000.000 l. st. par an : 900.000 l. st. provenant du commerce colonial ; 500.000 l. st., du commerce avec l'Europe ; et 600.000 l. st., du commerce avec les Indes (2).

Il s'élève contre le bill qui a été déposé en vue d'interdire les soies et cotons des Indes et de la Perse en Angleterre, afin, dit-on, de permettre le développement de l'industrie.

L'auteur de l'*Essay on the East India Trade* examine alors les effets du commerce des Indes sur les manufactures de laine.

« Le commerce, dit-il d'abord, est libre par défi-
« nition, il se trouve les débouchés qu'il lui faut et
« se trace à lui-même sa propre voie. Toutes les lois

(1) *Essay on East India Trade*, p. 15.
(2) *Essay on East India Trade*, p 17.

« tendant à le régler, à le diriger, à le restreindre
« et à le circonscrire feront l affaire des particuliers,
« mais ne seront d'aucun avantage public (1). »

Les prohibitions le rendent artificiel ; elles poussent a la consommation de certains produits, elles
ne conviennent pas a un peuple qui, comme l'Angleterre, a le génie du commerce.

Le meilleur moyen de développer l'industrie lainiere en Angleterre est encore de fabriquer les tissus de laine à moins de frais, ce qui permettrait à ce
pays de commander sur les places étrangères ; or. il
arrive ceci : les Hollandais achètent les tissus anglais,
les préparent et teignent a si bon compte qu'il les
revendent moins cher que les Anglais.

Il y a 1.200.000 pauvres sur 5.500.000 habitants.
Si seulement on obligeait la moitie a travailler et
si on créait des *work houses* à cet effet, l'industrie
lainière qui manque de bras en profiterait et leur
travail rapporterait 600.000 l. st. environ.

Au lieu de prohiber les articles des Indes, l'Angleterre ferait bien mieux de les garder pour sa
consommation, car ces produits ne lui coûtent que
le 1/4 de ce que valent ses tissus de laine. Elle écoulerait tous ces derniers en Europe, à condition
qu'ils soient confectionnés à meilleur compte.

Davenant observe très justement que si l'Angleterre prohibe les soies des Indes, la Hollande s'em-

(1) *Essay on the East India Trade*, p. 25.

parera de ce commerce et que, par conséquent, il n'y aura rien de changé quant à la vente des produits manufacturés anglais à l'étranger : les articles des Indes continueront à leur faire tort, seulement ce seront les Hollandais qui en profiteront cette fois.

Et il conclut : « Si l'importation des soies et co« tons des Indes et de la Perse lèse tant soit peu « les manufactures de Norwich, Bristol, etc..., en « revanche elle enrichit la nation et dans l'ensem« ble ne porte pas préjudice aux manufactures de « laine (1). »

L'auteur de l'*Essay on the East India Trade* examine ensuite les effets du commerce des Indes sur le développement des manufactures de soie et de l'industrie textile en Angleterre.

Certes il leur fait un tort considérable ; mais Davenant n'est partisan ni de l'un ni de l'autre ; car, n'étant pas des produits naturels de ce pays, la soie et le lin n'ont guère de chance d'y réussir; ils conviennent à des contrées où l'économie est la règle et où la main d'œuvre est à bon marché. L'Angleterre ne pourrait les offrir à meilleur compte. Si du reste on prohibait les soies et les cotons des Indes, il arriverait que la Hollande en enverrait immédiate-

(1) *Essay on East India Trade,* p. 35

ment dans ce royaume, a un prix tel qu'elle ruinerait l'industrie naissante ; après quoi, elle serait la maîtresse du marché et irait jusqu'à les faire payer 50 0/0 de plus !

Au lieu de développer ces deux industries, il est préférable que l'Angleterre emploie toutes ses forces vives à celles qui profitent réellement à la nation.

Enfin Davenant termine en montrant qu'une telle prohibition n'aboutirait qu'à la ruine du commerce des Indes Orientales, sans profit pour personne.

Elle ne serait efficace que si une loi somptuaire frappait très lourdement ceux qui feraient usage des articles interdits. Or l'auteur de l'*Essay on the East India trade* ne le conseille pas ; car le peuple anglais est accoutumé à une législation douce et ne supporterait pas de restrictions sur ses plaisirs. En définitive, comme ces lois somptuaires seraient mal observées, on achèterait fort cher à l'étranger des produits du même genre.

Par contre, privés du bénéfice qu'ils retiraient de la vente des articles importés, les marchands ne pourraient guère couvrir leurs frais, qui sont énormes. Certes, ce commerce rapporte 600 000 l. st., mais ce gain ne va pas seulement aux intéressés, il vient s'ajouter à la richesse nationale. Le dividende de 20 0/0 ne paraît pas si extraordinaire, lorsqu'on considère les risques courus. Bref, si on prohibe ce qui forme le plus clair de leurs bénéfices, les capitalistes retireront leur argent ; les marchands, écrasés par les charges, abandonneront ce trafic, dont les Hollandais s'empareront, et le monopole, entre leurs mains, finira, grâce à leur activité prodigieuse, par leur procurer 6.000.000 l. st. par an, au détriment de l'Angleterre, dont l'industrie sera ruinée (1).

Davenant ne réussit pas à convaincre le public ; la question fut vivement discutée ; elle donna le jour à toute une littérature (2). On lui répondit notamment ceci : « Supposons qu'un négociant expédie « aux Indes 10.000 l. st. contre une certaine quan- « tité de soies et cotons qu'il revend en Angleterre « pour 70.000 l. st., ces articles sont consommés à la « place des soies et tissus de laine anglais ; la nation « se trouve y perdre et s'appauvrit de 10.000 l. st., « bien que le négociant ait fait un joli bénéfice ; et « plus il en envoie, plus il s'enrichit, mais aussi plus « la nation s'appauvrit (3). »

(1) *Essay on the East India Trade*, pp. 62 et suiv.

(2) Dans *Literature of Political Economy* de Mac Culloch, se trouve un résumé de la controverse, avec une liste des princi- paux écrits. Egalement W. Cunningham, *The Growth of english industry and commerce in modern times*, part. I, p 465

(3) *The Great necessity and advantage of preserving our own manufactures*, by N. C., a weaver of London, 1697, p. 6.

Le s adversaires l'emportèrent finalement, car ils obtinrent en 1700 une loi qui restreignit le commerce en ce qui concerne le marché anglais. Seuls étaient admis en entrepôt les articles des Indes destinés à la réexportation.

CHAPITRE IV

Les Revenus publics.

En 1698, parurent les *Discourses on the publick revenues and on the trade of England, by the author of the Essays on ways and means* (Discours sur les revenus publics et sur le commerce de l'Angleterre). C'est une œuvre considérable en deux parties publiées séparément.

Dans la première, qui est en quelque sorte un traité sur les finances, Davenant se propose d'étudier les points suivants :

1° De l'utilité de l'arithmétique politique en tout ce qui touche les finances et le commerce ;

2° Du crédit et des moyens de le relever ;

3° De la perception des impôts ;

4° Ne vaut-il pas mieux que l'Etat afferme ses revenus ?

5° De la dette publique.

SECTION I

De l'utilite de l'arithmetique politique en tout ce qui touche les finances et le commerce.

C'est en somme une introduction à l'ouvrage tout entier dans lequel il applique aux finances et au commerce les principes posés par Petty en matière de statistique.

« Par arithmétique politique, dit-il, nous enten-« dons l'art de raisonner avec des chiffres sur ce qui « touche au Gouvernement.

« Cette science est sans doute très ancienne, mais « ce fut William Petty qui le premier l'appliqua aux « finances et au commerce ; peu de personnes l'ont « suivi dans cette voie. Ce fut lui qui lui donna ce « nom, posa les principes de cette science ; et son « génie l'aurait poussée très loin, s'il eût vécu jus-« qu'à ce jour; car tout habile qu'il était, il manqua « toujours d'éléments convenables pour faire ses cal-« culs, et les nombreux impôts levés ces derniers « temps les lui auraient fournis (1). »

Davenant montre alors comment il dut procéder, par voie de déduction :

« La première chose à connaître, dans cette science, « est l'état de la population : dans toutes ses enquêtes, « il prit pour guide les douanes, l'*excise* et la taxe

(1) *Discourses on the public revenues*, part. I, 1698, p. 2

« sur les feux, dont les comptes n'étaient pas apurés,
« et dont le produit était mal connu au moment où
« il écrivait. Il s'efforça de déterminer le nombre des
« habitants d'après le commerce et la consomma-
« tion nationale, dont l'*excise* et les douanes lui
« donnèrent un aperçu, mais la taxe sur les feux lui
« a fourni de meilleurs renseignements. Il dut éva-
« luer notre force et notre richesse aux capitaux
« employés dans le commerce, et il put se rendre
« compte vaguement du stock monétaire par les
« paiements faits au trésor. Le nombre de maisons
« lui donna le nombre de familles, d'où il déduisit le
« nombre probable des habitants (1). »

Mais, comme ses calculs reposaient sur des bases
incertaines, il en résulte qu'ils sont le plus souvent
inexacts. Pour la population et la richesse de l'Angleterre, il donne un chiffre trop fort par rapport à
la France. Cette erreur fondamentale en entraîna
bien d'autres. L'auteur des *Discourses* le soupçonne
même d'avoir exagéré, pour faire sa cour au roi
Charles II et lui montrer la France moins formidable qu'on se l'imaginait alors.

L'arithmétique politique est d'un grand secours
pour un homme d'Etat; il a besoin sans cesse de

____

(1) *Discourses on the public revenues*, part. I, p. 3.

comparer les forces et les ressources de son pays avec celles de l'étranger.

Mieux que toute autre nation, l'Angleterre se prête aux investigations de ce genre. L'*excise*, les douanes, la taxe sur les feux servent admirablement le statisticien ; d'autant plus que, depuis Petty, ces branches importantes sont en progrès sensibles. Les comptes étant apurés, on possède des chiffres définitifs, sur lesquels on peut se baser avec certitude. Il y a aussi une source de renseignements non moins précieuse, la capitation, créée depuis la révolution de 1688 ; car les individus y sont classés suivant leur fortune et leur situation sociale. Grégory King (1), un autre précurseur de la statistique, dont Davenant fait le plus grand éloge, sut utiliser les droits sur les mariages, naissances et décès pour ses tableaux sur l'état de la population de l'Angleterre (2).

L'arithmétique politique rend des services appréciables dans tout ce qui touche les revenus publics. Elle met à même de proposer des impôts mieux

(1) Grégory King, (né en 1628, héraut du duché de Lancastre à la fin du xvii⁰ siècle et finalement secrétaire de la Commission de comptabilité publique, écrivit en 1696 . *Natural and political observations upon the state and condition of England* Cet ouvrage ne fut publié qu'en 1810 par Chalmers, qui en avait déjà publié des extraits en 1804 dans son *Estimate of the comparative strength of the Great Britain*.

(2) Alors que Petty évalue pour 1682 le nombre des habitants de l'Angleterre et du Pays de Galles à 7.400 000, G. King l'estime seulement à 5.500 000, chiffre beaucoup plus juste, pense Davenant.

répartis, d'en prévoir le rendement avec certitude.

Enfin, en ce qui concerne le commerce, elle n'est pas moins utile. Le Gouvernement ne peut rien obtenir de précis de la part des négociants; car ceux-ci ont intérêt à lui cacher la vérité; ils diront toujours qu'ils perdent, alors qu'ils gagnent; mais l'arithmétique politique, en permettant de déterminer la balance du commerce, mettra les choses au point et l'Etat saura à quoi s'en tenir. Malheureusement, cette balance est très difficile à établir et Davenant fera tous ses efforts pour y réussir (1).

SECTION II

Du crédit et des moyens de le relever

Du crédit dépendent les revenus publics et le commerce. Il avait été bien compromis pendant la guerre avec la France (2); mais depuis que la paix est signée, il se trouve dans une meilleure posture.

« Rien n'est sensible comme le crédit; c'est un
« instrument délicat qu'on ne doit jamais forcer; il
« repose sur la confiance et varie suivant nos espoirs
« et nos craintes; souvent il s'en va sans qu'on en

______

(1) Il étudiera la balance du commerce dans la deuxième partie de ses *Discourses* et lui consacrera même tout un ouvrage : *Essay upon the probable methods of making a people gainers in the balance of trade*, 1699.

(2) La guerre de la ligue d'Augsbourg, terminée par la paix de Ryswick (1697). Cet ouvrage fut écrit quelque temps après

« sache la raison, et quand il est perdu, il est bien
« rare qu'on le recouvre entièrement (1). »

Lorsque le crédit est ébranlé, cela tient à ce que
les fonds qui garantissent les emprunts sont insuffisants, ne répondent pas à ce qu'on en attendait ;
c'est ce qui arriva pour les *tallies* (2), qui baissèrent
de 40 0/0, 50 0/0 et même 60 0/0. Il importe, pour
relever le crédit, de prendre des mesures qui les
consolident et comblent le déficit. Le Gouvernement
doit assigner aux *tallies* des fonds qui suffisent largement non seulement au paiement des intérêts, mais
au remboursement. Le peuple, voyant alors les dettes
en voie d'amortissement, reprendra confiance ; et
la monnaie de papier circulera concurremment avec
l'or et l'argent.

SECTION III

De la perception des impôts.

Les emprunts ont pour gages des taxes de diverses
natures : les douanes, l'*excise*, les droits sur le malt,

(1) *Discourses on the public revenues*, part. I, p. 38
(2) Les *tallies* étaient des billets d'anticipation sur les revenus des années suivantes, que le Gouvernement émettait lorsqu'il avait un pressant besoin d'argent. Ces bons se négociaient
facilement et pouvaient au besoin tenu lieu de monnaie, lorsque l'argent était rare, c'est ce qui arriva en 1696, lors de la
grande refonte Pendant quelques mois, les transactions se règlè-
rent en monnaie de papier ; *tallies*, lettres de change, billets
de banque ; et les commerçants s'habituèrent assez vite à ce
nouveau mode de paiement (W. Cunningham, *The Growth of
english industry and commerce in modern times*, part. I, p. 140.)

sur les fenêtres, le papier, le sel, les mariages, naissances et décès, les cristaux, les pipes, le cuir. Plus
le rendement en sera élevé, plus vite les dettes s'a-
mortiront.

Or certains fonds n'ont pas répondu à ce qu'on
en pouvait attendre, et Davenant s'efforce d'en décou-
vrir les raisons. Le déficit vient-il de leur nature
même ou de la façon dont ils sont perçus? Certes les
douanes ont souffert de la guerre avec la France,
car le commerce n'allait pas ; mais on ne peut guère
en dire autant des autres impôts, en particulier l'*excise* sur la bière.

Cette branche des revenus publics est mal admi-
nistrée par la Commission à laquelle on l'a confiée ;
ses membres, gens inexpérimentés, n'ont pas voulu
suivre l'exemple de leurs prédécesseurs (1) et ont
changé de méthode. L'*excise*, qui rapportait 694.470
l. st. en 1689, ne donnait plus que 543.723 l. st. en
1696. En outre, Davenant estime que, loin de dimi-
nuer, cet impôt aurait dû produire bien davantage.

Il observe que les progrès accomplis pendant les
6 années que dura la première commission (2) ne
vinrent pas uniquement de la façon remarquable

(1) La Commission qui fonctionna de 1683 à 1689 et dont fit
partie Davenant.

(2) Le rendement de l'*excise* passa de 543.723 l. st. en 1683,
dernière année de la ferme, à 694.470 l. st. en 1689, dernière
année de la première commission. *Discourses on the public revenues*, part. I, p 80.

dont elle administra cette branche des revenus, mais aussi de l'accroissement normal de la population et de la richesse du royaume. Il calcule que si la paix avait duré, cet impôt aurait rapporté, en 1696, 91.000 l. st. de plus qu'en 1688 (1).

Davenant attribue à la même raison le déficit dans les droits sur le malt, le sel et le cuir, et estime la perte totale, dans ces 4 branches des revenus, à 585.075 l. st. par an.

Il y a beaucoup trop d'employés ; cela coûte fort cher à l'Etat. On pourrait en réduire le nombre ; il suffirait de les choisir jeunes et actifs et de les surveiller étroitement.

En définitive, il conclut qu'en apportant les améliorations désirables dans toutes les branches des revenus, elles pourraient produire 736.075 l. st. de plus par an (2), et de cette façon on amortirait en 10 ans une grande partie de la dette.

SECTION IV

Ne vaut-il pas mieux que l'Etat afferme ses revenus (3) ?

Il vaut mieux qu'un nouvel impôt soit affermé ; car s'il était confié à une Commission, celle-ci rencontrerait bien des obstacles au début. Les employés

(1) *Discourses on the public revenus*, part. I, p. 98.
(2) *Discourses on the public revenues*, part. I, p. 119.
(3) Davenant a traité à fond cette question

étant inexpérimentés, le peuple aurait trouvé les moyens de se soustraire à l'impôt, bien avant qu'ils ne soient au courant. Enfin, les commissaires eux-mêmes se trouveraient embarrassés.

Les postes, qui couvraient à peine leurs frais sous une Commission, s'améliorèrent sensiblement, dès qu'elles furent affermées; la même chose se produisit avec la taxe sur les feux, les douanes, l'*excise* sur la bière.

Malgré de tels résultats, le système de la ferme a de nombreux adversaires : on fait les objections suivantes (1) : par ce procédé, de grosses fortunes se sont édifiées, provoquant ainsi la colère du peuple.— Survienne une guerre, une disette, ou toute autre calamité, les fermiers réclameront une diminution, généralement accordée et souvent supérieure à la perte réelle ; de sorte que c'est le fermier qui fait la bonne affaire : s'il y a une plus-value considérable, l'Etat est lié et n'en profite pas ; tandis que, dans le cas contraire, le fermier n'est pas lié et bénéficie même d'une remise. — Le peuple paie plus volontiers l'impôt, quand il n'y a pas d'intermédiaires intéressés. — Les juges de paix ne sont pas aussi diligents dans les questions fiscales avec le système de la ferme. — Enfin, les fermiers peuvent indisposer le peuple par leurs exactions.

Tous ces inconvénients seraient évités si l'Etat

______
(1) *Discourses on the public revenues,* part. I, pp. 129 et suiv.

percevait directement ses revenus au moyen d'une
Commission composée d'hommes intègres et capables qui leur ferait rendre bien davantage, comme
il arriva pour l'*excise* de 1683 à 1689.

Ceux qui sont partisans de la ferme répondent :
— Rien ne vaut la certitude d'un fermage annuel, à
échéance fixe (mensuelle ou trimestrielle), lorsqu'il
s'agit des dépenses publiques. — Les gens apportent
beaucoup plus de soin, quand ils sont intéressés
dans l'affaire. — La faveur, qui fit tant de tort à
certaines Commissions, n'intervient pas dans la
nomination des employés. — Tout le monde se
croit capable de gérer les revenus de l'Etat, mais on
y regarde d'un peu plus près, lorsqu'il s'agit de
prendre une ferme.

« En definitive, conclut Davenant, dans cette
« question comme dans bien d'autres, la vérité
« se trouve dans un moyen terme (1). » Certains
impots réussissent mieux sous une Commission ; à
d'autres le système de la ferme convient davantage.

Lorsque le rendement de l'impôt augmente d'année en année, il vaut mieux que ce soit l'Etat qui en
bénéficie. Les postes ne cessèrent de s'améliorer,
de 1688 à 1697 ; cette prospérité remarquable est
due à ce qu'elles avaient été confiées à deux hommes très capables.

(1) *Discourses on the public revenues*, part I, p. 132

Pas plus que les postes, les douanes ne doivent être affermées, bien qu'elles aient baissé de plus d'un tiers ; c'est qu'une fluctuation dans cette branche vient beaucoup plus de causes extérieures, comme l'état de paix ou de guerre, que d'une mauvaise administration.

Au contraire, pour des impôts sur la consommation, de leur nature plus stables, il est préférable de les laisser à l'initiative privée, surtout lorsque survient dans le rendement une baisse que rien ne justifie, si ce n'est, peut-être, l'incompétence des fonctionnaires chargés de veiller à la perception.

Pour que de grosses fortunes ne puissent s'édifier sur les revenus de l'Etat, on passera des baux très courts, pour 3 ans seulement ; de cette façon, les intéressés n'auront pas le temps de s'enrichir. Ce ne sera qu'une demi-ferme : ceux qui assumeront l'entreprise seront tenus de payer un fermage de tant ; quant au surplus, ils auront une somme fixe déterminée à l'avance pour leurs dépenses, et le reste ira au Trésor (1). Les intéressés feront donc tout leur possible pour parfaire le fermage et tâcher de couvrir au moins les frais.

Les revenus qui gagneraient à être affermés sont l'*excise* sur la bière, les droits sur le sel, sur les mariages, naissances et décès, sur les fenêtres, le papier, les cristaux, la faïence et les pipes. Mais il ne

(1) *Discourses on the public revenues*, part I, p. 137.

faudrait pas en faire autant pour l'*excise* sur l'eau-
de-vie et autres spiritueux d'importation, car les
fermiers, vers la fin du bail, en transporteraient de
grandes quantités, comme cela eut lieu déjà ; ce
serait une grande perte pour le Trésor dans les
années suivantes.

SECTION V
De la dette publique.

« Pour bien concevoir, dit Davenant, la matière
« des aliénations de nos revenus publics et les
« moyens qu'on pourrait employer pour les libérer,
« il est bon de connaître les impositions qui se
« levaient avant la guerre (1), pour les comparer à
« celles dont le peuple est chargé depuis la paix (2).
« Car l'examen des anciens revenus nous permettra
« de savoir quelles sommes on peut lever, sans
« nuire au commerce, aux terres, aux manufactu-
« res. D'un autre côté, par l'état des rembourse-
« ments annuels sur nos anciennes dettes, on pourra
« calculer dans combien de temps elles seront
« amorties, et quelle sera la valeur des dépenses
« nécessaires au maintien du Gouvernement (3). »

En 1688, le produit net des revenus ordinaires

(1) C'est-à-dire vers 1688.
(2) La paix de Ryswick, signée en 1697.
(3) *Discourses on the public revenues*, part. I, p. 163.

de la Couronne, avec les droits sur le vin, le tabac, les toiles de France, montait à 2.001.855 l. st. (1), avec les frais de régie, 2.281.855 l. st. En 1695, ces revenus, dont plusieurs furent du reste supprimés, ne produisaient plus que 811.949 l.st., avec les frais de recouvrement : 1.061.949 l.st. Pour les besoins de la guerre, on créa de nouveaux impôts, qui s'élevaient en 1695 à 977.614 l.st. A cette date, on en établit encore d'autres pour une somme de 1.315.909 l. st. ; de sorte que le peuple payait, au total, vers l'époque où Davenant composait ses *Discourses*, 3.355.472 l. st. (2). Mais comme certains droits, représentant 1.080.909 l. st , doivent expirer dans les 3 ans, c'est-à-dire avant 1700, la nation ne payera plus à cette date que 2.274.563 l. st., soit un peu moins qu'avant la guerre.

Quant à la dette publique, l'auteur des *Discourses* l'estime à 17.552.544 l. st. (*tallies*, assignations sur le malt, dettes à pourvoir). Pourtant, si grosse qu'elle soit, elle est encore moins lourde que celle de la France et de la Hollande, dont il examine la situation financière, qu'il résume dans le tableau comparatif suivant (3).

(1) *Discourses on the public revenues*, part. I, p. 164, également *Essay upon ways and means*, p. 36.
(2) *Discourses on the public revenues*, part. I, p. 168.
(3) *Discourses on the public revenues*, part. I, p. 193.

		ANGLETERRE	FRANCE	HOLLANDE
		Livres st	Livres st	Livres st
Revenu général { de la nation	avant la guerre .	44 000 000	84 000 000	17.500.000
	depuis la guerre :	43.000 000	81 000.000	18.250.000
Revenus publics	devant expirer 1 080 909 permanents : 2 274 563	3.355.472	13 500 000	4 750 000
Dettes publiques	en rentes viagères 3 500.000 en cours de paiement : 10 852 544 restant à pourvoir : 3 200.000	17.552.544	100 130 000	25 000 000

« Par le revenu général de la nation, il faut en-
« tendre le produit général des terres, du commerce
« intérieur et extérieur, enfin de toutes les occupa-
« tions des citoyens (1). »

La situation respective de la France et de la Hollande vis-à-vis de l'Angleterre est loin d'être bril
lante. En France, les impôts, qui, avant la guerre,
absorbaient 1/9 du revenu général, devront en absor-
ber le 1/6, pour pourvoir aux dépenses courantes et à
l'amortissement de la moitié de la dette en 11 ans 1/2.

En Hollande, les impôts absorbent en temps de
guerre 1/3, et en temps de paix 1/4 du revenu général. Mais la frugalité de ce peuple lui permet de
supporter aisément une pareille charge ; en revanche
le gouvernement protège la marine, qui fait vivre les
Hollandais, ces *rouliers du monde.*

(1) *Discourses on the public revenues,* part. I, p 195

En Angleterre, les impôts n'absorbent en temps de paix que le 1/20 et en temps de guerre que le 1/8 du revenu général; « de sorte que l'Angleterre paie « un peu moins en temps de guerre au Gouverne-« ment en proportion de ses revenus généraux que « la France en temps de paix (1). » Elle peut se libérer de ses dettes beaucoup plus tôt que la France, car cette dernière, tout en ayant son revenu général grevé d'1/6, ne pourra amortir en 12 ans que la moitié de ses dettes.

En 1697, les impôts s'élèvent à 3.355.472 l. st.; et la dette publique à 17.500.000 l. st. environ, sur lesquelles 14.352.544 l. st. sont garanties par divers fonds ; à savoir :

1 270 000 l. st , d'assignations sur le malt qui seront liquidées par les droits sur le fonds

3.500.000 l st , qui seront liquidées par la loterie, le fonds de la Banque, les annuites.

700 000 l. st., sur l'*excise* et les postes, qui peuvent être liquidees par ces fonds dans les 2 ans.

8 882 544 l. st. de *tallies* ou billets de l'Echiquier, dont 6 280 017 l. st. seront liquidees par divers impôts : douanes, papier timbré, cristaux, mariages, etc., qui leur servent d'hypothèques jusqu'au 1er août 1706

Le reste, 3.147.456 l. st., est à pourvoir.

L'Angleterre serait ainsi libérée 3 ans plus tôt que la France; seulement on doit observer que les revenus destinés aux depenses courantes pendant la paix ont

(1) *Discourses on the public revenues*, part. I, p. 197.

été absorbés par les frais de la guerre ; que les douanes, une branche importante, sont engagées pour
9 ans, l'*excise* et les postes pour 2 ans. Il faut donc
pourvoir aux dépenses courantes ainsi qu'aux
3.147.456 l. st. d'arriéré ; il importe de lever
2.000.000 l. st. de plus par an pendant quelque temps,
ce qui porte les revenus publics à 5.355.472 l. st.

Mais comment prélever encore 2.000.000 l. st. sur
le commerce, la terre et les manufactures, sans leur
porter préjudice? Davenant, s'inspirant de l'exemple
de la Hollande. préfère des impôts sur la consommation à des droits de douane :

« Lorsque les droits sont pris sur la consomma-
« tion, il ne faut que de très petits capitaux pour les
« payer ; le poids est réparti par petites portions sur
« un grand nombre de commerçants en détail, au
« lieu qu'un petit nombre de marchands en gros
« auraient de la peine à le supporter (1). »

Il propose, en définitive, un impôt mixte : en partie
sur les terres par une cotisation mensuelle en province et une taxe au marc-la-livre à Londres; en
partie sur le commerce, par une *excise* sur des denrées nationales et étrangères ; enfin, une capitation ;
le tout de façon à lever 2.000.000 l. st. par an, car les
circonstances présentes ne permettent pas plus. Cette
somme, avec les autres impôts, ferait 5.355.472 l. st.,
c'est-à-dire le 1/8 du revenu général. Or, il faut,

(1) *Discourses on the public revenues,* part. I, p 229.

pour la prospérité du commerce et de l'agriculture,
que les impôts ne dépassent pas le 1/20.

***

A la première partie des *Discourses* se trouve
annexé *A Discourse upon improving the revenue of the
state of Athens* (Traité des moyens d'accroître la fortune publique d'Athènes). C'est la traduction d'une
œuvre de jeunesse de Xénophon, περὶ πορων, qui contient de précieux documents sur les ressources mé-
talliques et financières d'Athènes.

Cette traduction, que l'auteur, W. M. (Walter
Moyle), dédie à Davenant, fut publiée dès 1697. Dans
la préface très élogieuse pour l'auteur des *Discourses*, un certain passage (1) donne à croire qu'il
fut question de l'envoyer aux Indes comme direc-
teur général de la Compagnie. Du reste, Davenant
lui-même dit, très nettement, à la deuxième partie
de ses *Discourses*, son intention d'aller aux Indes,
« afin de mettre en pratique les principes qu'il a
« posés, d'étudier sur place les institutions, les
« mœurs, le climat, la façon de vivre, toutes choses
« qui lui permettront de proposer la vraie méthode
« pour assurer ce commerce à l'Angleterre (2) ».
Et pourtant il resta !

(1) *A Discourse upon the revenue of the state of Athens*, 1697,
préface, pp. 5 et 6.
(2) *Discourses on the public revenues*, part. II, p 430.

Walter Moyle considère Xénophon comme l'un des plus grands hommes de l'antiquité et celui qui s'est occupé le premier de questions économiques et d'arithmétique politique. Il en admire les observations précises, la pensée hardie et large que ne borne pas l'esprit de parti. L'idée qu'une nation ne s'enrichit vraiment qu'en accroissant le nombre de ses habitants et qu'en les employant utilement domine tout son traité.

Xénophon préconise, en effet, pour mettre en valeur les richesses du sol et du sous-sol athénien, d'attirer par tous les moyens les étrangers.

« C'est un magnifique revenu, dit-il, attendu que « les métèques, en se nourrissant eux-mêmes et en « procurant aux villes de grands avantages, ne per- « çoivent rien et nous paient, au contraire, le droit « de domicile (1). » Et il propose de les faire béné- ficier de certaines faveurs, notamment en ce qui concerne les commerçants :

« Si donc on proposait au tribunal de commerce « une prime proportionnée à l'expédition équitable « et prompte des affaires contentieuses de manière « a ce qu'on ne fût pas retenu en voulant mettre à « la voile, cette mesure attirerait des marchands « nombreux .

« Ce serait aussi une chose très belle d'assigner

(1) *A Discourse upon improving the revenue of the state of Athens, p. 15.*

« des places d'honneur aux marchands et pilotes
« étrangers, et d'accorder même le droit d'hospita-
« lité à ceux qui paraîtraient utiles à l'Etat par
« l'importance de leurs vaisseaux et de leurs car-
« gaisons (1). »

Il conseille également de construire des hôtelle-
ries pour recevoir les commerçants et les visiteurs,
des comptoirs et une bourse à leur usage.

Pour exploiter les mines d'argent de l'Attique, il
propose d'acheter le plus possible d'esclaves, d'en
multiplier le nombre en prenant sur les bénéfices
que procure leur travail, jusqu'à ce qu'on en ait trois
fois plus que de citoyens. Il calcule ce que rapporte-
ront ces esclaves à l'Etat : 1.200 esclaves en 5 ans
produiront de quoi en acheter 6.000, ce qui, à
1 obole par jour, fera un revenu annuel de 60 talents, sur lesquels on peut encore réserver 20 talents pour en acheter jusqu'à ce qu'on ait le nombre de 10.000; c'est alors que, les revenus d'Athènes
bénéficiant de 100 talents, la situation se trouvera
bien améliorée.

Davenant, qui a fait de fortes études classiques et
sut maintes fois dans son œuvre évoquer à propos
Tite-Live et Tacite, s'est visiblement inspiré de l'o-

____

(1) *A Discourse upon improving the revenue of the state of
Athens*, pp 17 et 18

puscule du grand économiste athénien, qu'un ami sincère avait bien voulu traduire à son intention. Persuadé lui aussi que la population fait la richesse d'un pays, il conseille (1) d'attirer les étrangers par des mesures de faveur afin d'accroître les forces de la nation ; et déjà, dans son *Essay upon ways and means*, il dit : « Il est bien des lois qui attireraient à « nous ce complément d'habitants dont nous man- « quons ; et quoique nous ayons d'abord les plus « pauvres, néanmoins ce seraient autant de bouches « à consommer nos produits, autant de bras à nous « aider en temps de guerre; et par leur travail en « temps de paix ils payeraient largement leur en- « tretien (2). »

Davenant reprendra l'idée d'un tribunal de commerce expédiant plus rapidement les affaires, à moins de frais, dans la deuxième partie de ses *Discourses* (3).

(1) *Discourses on the public revenues*, part II, p 202; également *An Essay upon the probable methods of making a people gainers in the balance of trade*, 1699, pp. 27 et suiv.

(2) *Essay upon ways and means*, p. 146.

(3) *Discourses on the public revenues*, part II, p. 134.

CHAPITRE V

Le Commerce

La deuxième partie des *Discourses*, publiée séparément la même année, a trait plus particulièrement au commerce, comme son titre l'indique : *Discourses on the public revenues and on the trade of England, which more immediately treat of the foreign traffic of this Kingdom.*

Davenant va s'étendre longuement sur les quatre points suivants :

1° Le commerce extérieur est-il une source de richesse pour l'Angleterre ?

2° De la protection du commerce ;

3° Le commerce colonial ;

4° Le commerce des Indes Orientales.

SECTION I

Le commerce extérieur est-il une source de richesse pour l'Angleterre ?

Dans *England and East India inconsistent in their manufactures* (le Commerce des Indes ne convient pas à l'Angleterre) John Pollexfen, ancien négociant

au Portugal, attaqua l'*Essay on the East India trade*
et voulut démontrer que l'Angleterre n'avait rien à
gagner dans le commerce des Indes Orientales ; que,
bien au contraire, ce trafic provoquait une forte exportation de numéraire, ce qui appauvrissait la nation.
Il partait, en effet, de cette idée que l'or et l'argent
sont la totalité de la richesse ; que, depuis 1666, loin
d'enrichir l'Angleterre, son commerce extérieur
n'a fait que l'appauvrir ; qu'il n'y a jamais eu autant
d'argent qu'en 1656 (1). En bon bullioniste, Pollexfen était persuadé que chaque nation pouvait se suffire à elle-même et produire tout ce dont elle avait
besoin.

C'en était assez pour que Davenant, dont on a pu
déjà constater les tendances libérales, partit en
guerre contre celui qu'il se plaît à appeler « le
marchand de Lisbonne » ; et, sans abandonner complètement les principes mercantilistes, il va se déclarer nettement antibullioniste et s'attacher à démontrer que tout au contraire (c'est le commerce
extérieur qui enrichit une nation. La vraie richesse
consiste dans tout ce que produit le sol et le travail.
« Il peut arriver qu'un pays se trouve sans argent ;
« mais si sa population est nombreuse, active et
« commerçante, s'il a de bons ports, un sol fertile,
« une production variée, il s'enrichira et bientôt

(1) *England and East India inconsistent in their manufactures*,
1697, pp 6 et 8.

« auıa de l'or et de l'argent en abondance (1). »

Depuis que le luxe s'est introduit en Angleterre, il paraît impossible qu'elle se contente de ses propres pıoduıts. Pour satisfaire à ces nouveaux besoins, on a importé de plus en plus des soies et cotons des Indes et de la Perse, des épices, des vins de France, etc...; ce qui aurait dû provoquer une forte exportation de numéraire qui, avec le temps, aurait ruiné l'Angleterre. Or il n'en a pas été ainsi. Il a donc bien fallu que quelque chose soit venu contrebalancer, et c'est précisément le commerce extérieur, non pas seulement l'échange des produits nationaux contre ceux de l'étranger, mais la réexportation de certains articles

La monnaie, loin de faire la loi au commerce, est simplement à son service; et, pour bien marquer sa fonction de valorimètre, Davenant aime à lui appliquer les expressions de *measure of trade* (2), *servant of trade* (3). Il va même jusqu'à la comparer à des jetons dont les hommes ont pris l'habitude de se servir pour faciliter les transactions (4).

Il s'efforce ensuite de déterminer ce qu'il faut entendre par richesse nationale et indique quels sont les signes auxquels on reconnaît qu'une nation s'enrichit par son commerce extérieur. Elle commence

(1) *Discourses on the public revenues*, part. II, p. 15.
(2) *Discourses on the public revenues*, part II, pp. 7, 15, 16.
(3) *Discourses on the public revenues*, part. II, p 16.
(4) *Discourses on the public revenues*, part. II, p. 16.

par augmenter sa marine marchande, bientôt, pour
la défendre, elle entretient une flotte de guerre
imposante. De vastes entrepôts se construisent ; de
somptueuses demeures s'élèvent, chaque jour plus
belles, à l'ornement desquelles bien des métiers sont
occupés. N'est-ce pas l'adage : « Quand le bâtiment
va, tout va ? » Les gens qui réussissent aiment la
vie confortable ; ils s'entourent de meubles précieux, de statues, de tableaux, se vêtent de superbes
costumes et se parent de riches bijoux (1).

Une nation peut avoir tous ces signes extérieurs
de richesse et pourtant se trouver dans une mauvaise posture ; car, si ses membres mènent un train
au-dessus de leur condition, elle s'appauvrit graduel-
lement. Les symptômes auxquels on reconnaît un peuple en décadence sont les suivants : Les gens dans
l'embarras paient difficilement l'impôt. Certains bâ-
tissent de somptueux édifices, mais combien de maisons tombent en ruines. Quelques-uns font fortune,
mais le nombre de ceux qui végètent va en augmentant. Le taux de l'intérêt est élevé ; les salaires faibles ; les terres se vendent à vil prix ; les fermages
baissent ; le bétail se fait plus rare ; le sol reste en
friche ; les mariages et les naissances diminuent ;
les décès augmentent ; et finalement les individus
désertent un tel pays (2).

(1) *Discourses on the public revenues*, part. II, p. 19.
(2) *Discourses on the public revenues*, part II, p. 21.

Est-ce vraiment le cas de l'Angleterre? Si, comme l'affirme Pollexfen, depuis 1666 ce pays n'a cessé de s'appauvrir, il doit déjà présenter tous les symptômes d'un peuple qui s'en va. Or, lorsqu'on examine la situation, on constate que jamais il ne fut plus riche, malgré les guerres récentes. Depuis 1600, la valeur du sol a presque doublé, le taux de l'intérêt est tombé de 10 à 4 0/0. Certes, les fermages ont baissé dans certaines régions ; mais, dans l'ensemble, la culture est en progrès ; bien des terrains incultes ont été défrichés,des forêts déboisées, des marais desséchés, si bien que le revenu global des terres a plus que doublé : de 6.000.000 l. st. en 1600, il passe à 14.000.000 l. st. en 1688. Le stock monétaire a même augmenté, malgré l'exportation du numéraire, le rognage, les refontes. Enfin, il y a 300.000 habitants et 70.000 maisons de plus qu'en 1666.

L'Angleterre n'a donc aucun des symptômes d'un peuple en décadence. Tout au contraire, elle n'a cessé de s'enrichir, malgré les calamités de toutes sortes qui l'ont assaillie : la peste, l'incendie de Londres (1), des guerres coûteuses.

La richesse nationale a passé de 17.000.000 l. st. en 1600 à 56.000.000 l. st. en 1660 et 88.000.000 l. st.,en 1688. A cette date l'accroissement annuel,en

____

(1) En 1665.

pleine paix, se chiffre par 2.000.000 l. st., « se tra-
« duisant par le développement intensif du com-
« merce extérieur, des manufactures, le luxe du
« mobilier et des costumes, l'augmentation du bé-
« tail, de la marine, du nombre de maisons, du stock
« monétaire et du *bullion*, des bijoux, des marchan-
« dises nationales et étrangères en entrepôt (1). »

Mais depuis la dernière guerre avec la France, on
constate une diminution ; toutefois, il n'y a pas lieu
de s'alarmer, aucun symptôme de décadence ne se
présente, si ce n'est le taux élevé de l'intérêt.

Pour Pollexfen seuls l'or et l'argent méritent le
nom de richesse ; il ne reconnaît pas ce titre aux
autres métaux et aux bijoux. Davenant donne au mot
richesse une signification autrement vaste :

« Tout ce qui contribue au bien-être et à la sécurité générale (2). » Ce ne sont pas seulement les
objets durables, voire périssables, mais les facultés
intellectuelles, le talent, la puissance, les alliances.

« Le travail, l'habileté à savoir tirer parti des
« avantages du sol et de la situation sont beaucoup
« plus une richesse pour une nation que la posses-
« sion de mines d'or et d'argent. L'Espagne en est
« une preuve suffisante : les habitants sont pauvres

____

(1) Cette énumération forme ce que Davenant entend par
richesse nationale *Discourses on the public revenues*, part. II,
pp. 49 et 54

(2) *Discourses on the public revenues*, part II, p 60.

« le Gouvernement impuissant, malgré les trésors
« de l'Amérique (1). »

L'or et l'argent ne sont vraiment utiles que lorsqu'ils circulent au service du commerce. Il faut
échanger le *bullion* ou les marchandises du pays
contre des produits du dehors destinés à la consommation nationale ou à la réexportation.

Le commerce extérieur est donc indispensable à
une nation qui veut s'enrichir. La question n'est
pas de savoir si tel ou tel trafic rapporte ou non,
mais si l'ensemble profite à la nation. Supprimer
telle branche du commerce parce que sa balance
se montre défavorable, c'est peut-être tuer telle·
autre plus avantageuse qui en dépend. L'une amène
l'autre. Ainsi le commerce avec la France est nettement défavorable à l'Angleterre; mais il lui a permis de faire avec profit des échanges avec l'Italie et
l'Espagne (2).

Enfin, Davenant recommande l'économie. C'est ce
qui fait la force des Hollandais. Mais l'Angleterre
s'est habituée au luxe: il paraît difficile de le refréner avec succès.

(1) *Discourses on the public revenues,* part II, p. 61.
(2) *Discourses on the public revenues,* part. II, pp. 70 et 82. Également : *A Report to the commissioners,* 1712, p. 52.

SECTION II
De la protection du commerce.

Plus l'Angleterre protégera son commerce, plus son prestige sera grand à l'étranger. Elle doit avoir à cet effet une flotte imposante. Pour s'être montrée négligente à certaines époques, elle a perdu le commerce des épices, celui de la Russie, de la Chine et du Japon, qui lui rapportaient beaucoup, et ce sont les Hollandais qui en ont profité.

Pendant la guerre, les colonies n'ont pas respecté l'Acte de navigation, dont Davenant est un chaud partisan. On les a laissées faire du commerce avec les autres pays et consommer des produits qui n'étaient pas anglais. Si on n'y prend garde, il est à craindre que, dans l'avenir, elles se rendent indépendantes de la mère patrie.

On a protégé insuffisamment les diverses branches du commerce, qui en ont beaucoup souffert. En temps de guerre, la flotte doit à la fois veiller sur les navires marchands et défendre les côtes. Comme il est souvent difficile de mener les deux opérations de front, elle se divise. Or, le dessein de l'ennemi est précisément de provoquer sa dispersion, de l'éloigner des côtes, afin d'opérer une descente. Pendant la dernière guerre, la flotte a dû rester unie, pour parer à un tel danger ; mais le commerce manqua de piolection; des navires marchands furent saisis et l'amirauté reçut un blâme.

Si une nation est en mesure de piotéger son commerce, elle peut entreprendre une guerre offensive; les importations compenseront l'exportation de numéraire nécessaire à l'armée; au besoin on mettra à contribution les habitants du pays envahi, comme fit Hannibal en Italie.

Si un Etat protège insuffisamment son commerce, il vaut mieux qu'il se tienne sur la défensive; la guerre s faisant sur son territoire, l'argent restera dans le pays, qui profitera même des dépenses de l'armée ennemie (1).

Dans ses alliances futures avec la Hollande, l'Angleterre pourrait ne s'engager qu'à fournir 20.000 hommes; le Trésor n'en souffrirait pas. Cela lui permettrait de consacrer plus d'argent à sa flotte, qui, en temps de guerre, protégerait son commerce, tandis que le gros de son armée resterait dans le pays pour défendre les côtes contre toute tentative d'invasion.

La dernière guerre coûta à l'Angleterre 39 000.000 l.st. en 9 ans; car elle eut à maintenir une immense armée sur le continent. Tout autre fut la situation de la Hollande. Elle trouva moyen, par son économie, par son activité commerciale, en élevant le prix de ses marchandises, de s'enrichir de 7.700.000 l.st.

(1) *Discourses on the public revenues,* part II, p. 96.

Quand l'Etat est dans l'embarras, chacun se prive pour lui venir en aide, sachant bien que c'est lui permettre de protéger le commerce.

La France elle-même, qui perdit 17 frégates à La Hogue, n'en a pas moins augmenté ses forces navales, grâce à ses corsaires, parmi lesquels elle recrute ses marins. Ils contribuèrent pour beaucoup à développer son commerce extérieur · partout où ils abordèrent, des comptoirs furent créés ; et à force de voyager sur mer, les Français sont devenus de bons marins. Si on les laisse s'installer sur le golfe du Mexique, ils s'empareront du Mississipi et menaceront les colonies anglaises d'Amérique.

Il ne faut donc pas que l'Angleterre se laisse distancer par ses deux rivales, surtout la Hollande, qui aux Indes est déjà si puissante ; elle y a de nombreux comptoirs, une centaine de forts et 40 frégates

La grandeur d'une nation est due bien souvent au génie d'un seul homme : Athènes eut Périclès ; la France, Richelieu. Si l'Angleterre en avait un pareil, il saurait bien trouver les moyens de protéger comme il convient le commerce. On peut y suppléer dans une certaine mesure en instituant un conseil, *council of trade*, composé de gens expérimentés, choisis par le Parlement auquel le roi aurait délégué ce soin (1)

(1) *Discourses on the public revenues*, part. II, p. 131.

Ce conseil aurait d'importantes fonctions; entre autres, déterminer la balance du commerce avec chaque nation, veiller à ce que les traités commerciaux soient respectés, étudier divers projets : création d'un tribunal de commerce, plus expéditif que les tribunaux ordinaires (1); l'assistance par le travail; enfin le rétablissement des pêcheries. Sur ce dernier point, Davenant s'étend longuement (2).

Les Hollandais viennent pêcher le hareng jusque sur les côtes anglaises ; autrefois, il leur fallait une permission dont, par une négligence impardonnable de la part du Gouvernement, ils ont fini par se passer; ils se sont si bien emparés de cette industrie que ce sont eux maintenant qui font la loi et chassent les barques anglaises qui auraient la velléité de pêcher. Ils tirent de beaux bénéfices du commerce qui en résulte.

L'Angleterre se trouve pourtant à cet égard dans une meilleure situation, ce qui lui permettrait de vendre son poisson moins cher. Tandis que les Hollandais doivent aller pêcher à 200 lieues de leur pays, dans de gros bateaux en emportant des provisions pour plusieurs mois, puis saler et empaqueter à bord, les Anglais n'ont que la peine de se déranger dans de petites barques, rapporter leur pêche toutes les 24 heures et la saler chez eux. Ils ont donc bien

(1) Cette idée se trouve dans Xénophon

(2) *Discourses on the public revenues*, part. II, pp 135 et suiv

moins de frais et peuvent pêcher en un mois autant
que les Hollandais en trois. Ils leur feraient donc
une concurrence redoutable en vendant leur poisson
un tiers moins cher !

L'Angleterre pourrait, de cette façon, équilibrer
son commerce avec le Danemark, la Russie, la Suède
et les États allemands, dont elle importe pour
400.000 l. st. environ qu'il lui faut payer en espèces.

Le stock monétaire en 1698 suffit à peine pour les
besoins du commerce ; sur les 18.500 000 l. st. de
numéraire existant en 1688, 9.240.000 l. st. ont été
thésaurisées (1). En temps de trouble, les gens
prudents se font une réserve; et il arrive que les
transactions s'effectuent alors beaucoup plus par
le crédit que par les espèces. Pendant la guerre,
vers 1696, le papier-monnaie, les *tallies*, les billets
banque, circulèrent librement et remplacèrent l'argent dans les gros paiements.

« Jusqu'ici on a considéré l'or et l'argent comme
« étant la mesure du commerce ; mais on peut fort
« bien s'entendre pour mettre a leur place toute
« autre chose qui, adoptée universellement, rem-
« plisse la même fonction (2). »

La protection du commerce consiste surtout dans
les mesures qui seront prises pour relever le crédit.
Alors on n'aura plus aucun intérêt à thésauriser.

(1) *Discourse on the public revenues*, part II, p 160
(2) *Discourse on the public revenues*, part II, p 165

L'aigent et le crédit s'entr'aideront, inspireront mutuellement confiance ; les 14.000 000 l.st. de *tallies* et bons du Tiésor, ayant pour gages des fonds solides, serviront de papier-monnaie (1).

Quand l'Angleterre passera des traités de commerce, qu'elle fasse comme la Hollande, demande des conseils a ses négociants et s'inspire des leçons du passé, car tous ceux qu'elle fit jusqu'a présent avec les Hollandais furent toujours a son détriment.

Puisqu'ils ont été ses alliés durant la dernière guerre, il faut croire qu'ils se montreront meilleurs à son égaid. On pourra stipuler qu'ils lui ouvriront le commeice de la Chine et du Japon. Ils ne deviont pas cheicher à lui créer des embarras dans son commeice des Indes, ni a lui faire concurrence dans l'Amérique du Nord, où ils ne tarderaient pas à la supplanter dans ses propres colonies.

L'Angleterre pourra de même passer un traité avec la France, si celle-ci corsent à ôter les prohibitions qui fiappent les produits anglais ; autrement, il serait bon d'user de représailles.

Enfin, la meilleure façon de protéger le commeice est encore d'avoir une bonne flotte de guerre qui en imposera aux adversaires.

(1) *Discourses on the public revenues*, pait II, pp 170 et 172.

SECTION III

Le Commerce colonial.

Il faut protéger les Colonies, car elles sont une source de richesse pour une nation. On a dit : mais elles attirent la population de la métropole, elles sont un refuge pour les dissidents et les adversaires du régime politique. Or, depuis que l'Angleterre a des colonies, sa population n'a cessé de s'accroître ; elle a augmenté de 900.000 âmes depuis 1600. La majorité des emigrés sont des individus qui auraient végété ou mendié dans la métropole ; c'est ainsi que furent peuplées les Barbades et la Virginie avant de l'être par les victimes de la politique.

Davenant conseille même d'y transporter les misérables dont le crime n'est pas assez grand pour valoir la peine de mort ; cependant, on les exécute parce que la loi anglaise, trop rigide, ne fait aucune différence à cet égard (1).

Lors des querelles religieuses en Angleterre, beaucoup de dissidents et de persécutés s'expatrièrent, allèrent peupler la Suisse, le Danemark, la Suède, la Hollande, nations rivales. Ne vaut-il pas mieux que ces individus aillent grossir les colonies, comme cela eut

(1) *Discourses on the public revenues*, part. II, p 198

lieu jadis chez les Romains. 1800 sujets anglais émi-
grent tous les ans en Amérique ; mais les persécu-
tions religieuses dans les autres pays amènent en
Angleterre 500 étrangers. Puis, depuis une vingtaine
d'années, 300 colons enrichis reviennent annuellement, dont les pères étaient partis pauvres.

Pour compenser l'émigration et augmenter encore
la population, il est bon d'attirer les étrangers, surtout les proscrits, par des lois accueillantes, des
avantages matériels, et en facilitant la naturalisation (1). Une nation qui ne prend aucune mesure de
ce genre ne doit pas avoir de colonies. Ce sont elles
qui ont ruiné l'Espagne, parce que celle-ci n'a rien
fait pour combler le vide provoqué par l'émigration.

Les colonies sont une source de richesse pour la
mère-patrie, lorsqu'on les administre proprement ;
si les liens étroits qui les unissent à elle se relâ-
chent, si elles ne respectent pas l'Acte de navigation,
elles profiteront beaucoup plus aux autres pays
qu'a la métropole (2). De mauvais gouverneurs, en

(1) *Discourses on the public revenues*, part II, p. 202 Voir également *Essay on ways and means*, p 146

(2) Davenant est partisan du Pacte colonial, dont Child déve-
loppa la théorie, tandis que Petty proteste contre cette mono-
polisation qui oblige les produits coloniaux a destination de
l'étranger a passer par l'Angleterre , ce qui a pour résultat de
les grever de frais inutiles Davenant, partageant les sentiments
tories, pensait que des mesures de ce genre resserraient davantage les liens politiques entre la métropole et les colonies.
(W Cunningham, *The Growth of english industry and commerce
in modern times*, part I, p 598).

oppressant les colons, peuvent faire des mécontents, des révoltés.

Dans la crainte qu'elles n'aient la velléité de se rendre indépendantes, il ne faut pas les laisser développer leurs forces navales ; mais, pour faire leur commerce, on ne doit pourtant pas les empêcher d'avoir une marine marchande.

Le commerce extérieur de l'Angleterre représente environ 10.000.000 l. st. d'affaires, et rapporte dans les 20 0 0 à la nation, soit 2.000.000 l. st.

600 000 l st. proviennent des echanges avec l'Europe, l'Afrique et le Levant

500 000 l st proviennent des échanges avec les Indes.

600 000 l st proviennent des echanges avec les colonies

120 000 l st proviennent de la réexportation des produits coloniaux non consommes en Angleterre

180 000 l st proviennent de la réexportation des articles des Indes non consommes en Angleterre

On voit par ce tableau la part importante des colonies dans les bénéfices que réalise la nation par son commerce (1).

Mais elles ont d'autres avantages. Depuis que l'Angleterre fait une grande consommation d'articles de luxe, ses propres produits ne suffisent plus à compenser ses importations ; et si les achats à l'étranger sont supérieurs aux ventes, il faut régler la différence en espèces. En réexportant des pro-

____

(1) *Discourses on the public revenues*, part II, p 221 Davenant apporte dans ce tableau une correction à ce qu'il a dit dans son *Essay on the East India Trade*, p 17.

duits coloniaux dans les pays où la balance se
montre défavorable, l'équilibre se rétablit.

Le travail des nègres est également une source
de richesse. On calcule que 100 nègres rapportent
en moyenne 1.600 l. st. par an à l'Angleterre. Il
peut y en avoir 100.000 en Amérique, ce qui fait
un bénéfice de 1.600.000 livres (1). Ces nègres, qui
viennent d'Afrique, sont employés par les colonies
du Sud, centre industriel, très productif; celles du
Nord, centre agricole, rapportent au contraire fort
peu. C'est ce qu'on reproche précisément à ces
dernières, qui absorbent la majeure partie des émi-
grés. Pourtant, sans elles, l'Angleterre ne pourrait
faire de commerce avec ses colonies d'Amérique.
Leur avantage est d'avoir rendu possible dans ces
contrées la culture des céréales et l'élevage du
bétail, elles approvisionnent ainsi le Sud, pays
industriel dont le climat est trop chaud. Il est vrai
que l'Angleterre pourrait s'en charger, mais elle le
ferait a un taux tel que les planteurs du Sud seraient
découragés. Or, comme il y a moins a gagner sur
des matieres premières que sur des produits manufacturés, la métropole préfere vendre ces derniers.
Il se trouve que le Nord, sur les bénéfices qu'il réalise en approvisionnant le Sud, achète beaucoup d'articles à l'Angleterre · meubles, vêtements, etc. (2).

(1) *Discourses on the public revenues*, part II, p 19
(2) *Discourses on the public revenues*, part II, p 25

Les colonies d'Amérique comptent dans les 300.000 colons. Leur prospérité est due à la tempérance, a la vie régulière de la population composée en grande partie de dissidents.

Pourtant ces colonies recèlent des vices dans leur organisation. Au début, on a créé trop de provinces, on a fait des concessions immenses, parfois 200 a 300.000 acres, à certains colons qui n'ont même pas observé les termes de leur contrat : c'est ainsi que de vastes étendues restèrent en friche, notamment en Virginie. Les colons qui vinrent par la suite furent obligés d'acheter très cher les territoires déja occupés ou d'aller à l'intérieur des terres s'exposer aux attaques des Indiens : beaucoup se découragerent.

Il vaut mieux avoir moins de colonies, formant un groupe plus compact, où les habitants, loin d'être dispersés, se porteraient promptement secours en cas de danger.

Dans le but de remédier a cet état de choses, Davenant propose la création d'un conseil des colonies analogue au conseil des Indes, en Espagne. Il serait composé de lords commissaires repartis en 2 commissions, chargées d'examiner toutes les questions relatives aux colonies d'Amérique (1).

<hr>

(1 *Discourses on the public revenues*, part II, p. 238 L'idee de Davenant fut d'ailleurs réalisée plus tard, par la création des *Lords of trade and plantations*.

La prospérité des colonies dépend de la façon
dont elles sont administrées ; il faut donc leur donner de bons gouverneurs, bien payés, qui feront
respecter les chartes et les lois. D'autre part, aucune province ne devra frapper de droits les importations anglaises ; entre certaines régions, le cabo-
tage sera autorisé ; aucune colonie ne recueillera
les fugitifs ou délinquants d'une autre ; on bâtira
des forts et une constitution sera donnée à Terre-
Neuve (1).

Les plantations de sucre et de tabac seraient plus
prospères si on réglementait le commerce avec
l'Afrique, qui leur procure des nègres. La société
par actions (*joint-stock*), qui exploite ce commerce,
n'ayant pas assez de capitaux, ne peut fournir un
nombre suffisant de nègres aux planteurs ; de plus,
elle les leur vend trop cher et se montre impitoyable
quant au paiement, ne souffrant aucun retard. Il
vaut donc mieux adopter le système de la réglementation (*regulated company*) : Ce commerce serait
libre, entre l'Afrique, les Antilles et les autres
colonies d'Amérique ; les marchands auraient à se
soumettre aux règlements et à payer tant par livre
au Gouvernement, selon les frais nécessités par la
protection de ce trafic.

Pour les colonies du Nord, Davenant propose la
création d'un Parlement, qui se réunirait tous les

(1) *Discourses on the public revenues*, part. II, pp. 253 et suiv.

ans à New-York, sous la présidence d'un haut fonc-
tionnaire royal, en toute probabilité le gouverneur,
chaque province y enverrait 2 députés. Son rôle serait de régler toutes les difficultés s'élevant entre les
provinces.

Il compare ce congrès aux amphictyonies, ce conseil où les affaires de la Grèce étaient discutées : « Si
« on l'avait conservé tel qu'il était à l'origine, dit il,
« peut-être ce pays n'aurait pas été de si tôt aux
« mains des Romains (1). »

On est tout surpris de trouver une proposition de
ce genre chez Davenant; il craint toujours qu'on
donne trop de liberté aux colonies et il leur offre un
Parlement ! Il est vrai que le conseil colonial permanent serait un serieux contrepoids.

Enfin, l'auteur des *Discourses* insiste longuement
sur l'idée que le bien-être d'un peuple dépend de son
état moral. La religion est donc nécessaire aux colonies. Le rôle du gouverneur doit être de la protéger,
de l'encourager, d'apprendre aux colons à aimer
leur patrie, et de faire respecter les lois.

SECTION IV
Le commerce des Indes

John Pollexfen ayant visé son *Essay on the East-
India-Trade* dans deux ouvrages qui firent sensation

(1) *Discourses on the public revenues*, part II, p 262

à l'époque, Davenant se voit obligé de revenir sur la question des Indes et de fournir des preuves convaincantes de ce qu'il avance.

Pollexfen affirme dans l'un (1) de ces ouvrages que le commerce des Indes épuise le Trésor de 400.000 l. st. par an ; et plus généralement dans l'autre (2), que, depuis une trentaine d'années, le commerce extérieur, en ce qui concerne la France, les Indes et le nord de l'Europe, provoque une exportation de *bullion* s'élevant à 2 000.000 l.st. par an, qui n'est compensée que par 600.000 l.st. d'or et d'argent provenant de l'Amérique et des côtes africaines ; ce qui appauvrirait la nation de 1.400.000 l.st. par an.

Davenant, reprenant les calculs de Pollexfen, montre alors que de cette façon l'Angleterre aurait été épuisée en une trentaine d'années de 35.000 000 l. st. de *bullion* ou endettée vis-à-vis de l'étranger d'une somme équivalente.

D'après un compte établi par l'auteur de *Britannia languens*, on aurait frappé de 1599 à 1675 pour 21.851.876 l. st. d'or et d'argent (3); en y ajoutant environ 3.000 000 l. st. de 1675 à 1689, cela fait dans les 26.000 000 l.st. Il est bien clair que non seulement il ne resterait plus d'argent dans le royaume, mais

(1) *England and East India inconsistent in their manufactures,* 1697, p 6

(2) *A Discourse of trade, coin, paper-credit*, daté du 15 juillet 1696, p 77

(3) *Britannia languens,* p. 147

que l'Angleterre serait fortement endettée vis-à-vis des autres nations. Or, il n'apparaît pas qu'il en soit ainsi, c'est pourquoi, avant d'aborder la question des Indes il serait bon de rechercher quelle est la balance du commerce entre l'Angleterre et chacune des places diverses avec lesquelles elle est en relations, car d'après John Pollexfen, seuls les échanges avec l'Espagne, le Portugal, l'Italie, la Turquie et les colonies profiteraient à l'Angleterre ; quant à la Hollande et à l'Irlande, il demeure dans l'incertitude (1).

Samuel Fortrey, un autre bullioniste, affirme que le commerce avec la France fait perdre à l'Angleterre 1.600.000 l. st.; il estime les importations, qu'il classe en 16 articles, à 2.600.000 l. st. contre 1.000.000 l. st. d'exportations seulement (2).

Si ces calculs étaient exacts, l'Angleterre serait ruinée depuis longtemps; il faut admettre que la balance avec le reste de l'Europe, les Indes et l'Amérique est plus favorable qu'on se l'imagine ; et Davenant demeure convaincu que Pollexfen et Fortrey se sont trompés ; il observe que jusqu'au jour où la France frappa de droits prohibitifs les produits anglais, la balance fut plutôt favorable à l'Angleterre (3). En tout cas la différence n'est pas aussi

(1) A Discourse of trade, com., pp. 85, 88 et suiv.
(2) Samuel Fortrey, *England's interest and improvement*, 1663, pp. 22 et suiv.
(3) *Discourses of the public revenues*, part. II, p. 347.

grande qu'ils le prétendent ; puis l'Angleterre a fini par répondre à son tour.

Il n'est pas nécessaire, du reste, que toujours les exportations l'emportent sur les importations ; dans le cas contraire, une nation ne s'appauvrit pas forcément ; il arrive même qu'elle y gagne, en revendant les produits importés beaucoup plus cher (1).

Il vaudrait mieux, dans l'intérêt de l'Angleterre et de la France, que ces deux pays concluent un traité de commerce dans le genre de celui qui existe entre la France et la Hollande. Ils jouiraient dans leurs échanges d'une liberté de commerce relative. Leurs produits ne seraient plus grevés de droits prohibitifs vexatoires ; les marchandises imposables seraient taxées légèrement, les autres circuleraient librement, sans entraves (2).

L'auteur de *Britannia languens* fait de la frappe des monnaies le critérium de la balance du commerce et parce qu'on a fabriqué de 1657 à 1675 moins de numéraire que dans les périodes précédentes, il en conclut que le commerce de l'Angleterre est dans une mauvaise posture.

Or, la frappe augmente ou baisse pour bien des causes : soit parce qu'on a fabriqué 1.000.000 l. st. de

____

(1) *Discourses of the public revenues,* part II, p. 348.
(2) *Discourses of the public revenues,* part. II, pp. 349 et suiv.

numéraire pour les Espagnols ; soit parce qu'on a procédé à la refonte de la monnaie. Sans doute une forte frappe est un signe de prospérité, mais il peut arriver en quelque sorte une auto-limitation de la frappe, c'est-à-dire qu'elle reste stationnaire, lorsqu'il y a une quantité largement suffisante d'espèces pour régler les transactions ; au dela de ce qui est nécessaire à l'usage courant, l'argent, du moins la bonne monnaie, va aux financiers et usuriers qui le thésaurisent. Si la frappe de 1657 à 1675 fut si calme, c'est probablement parce qu'elle avait atteint la limite (1).

Les nations que le commerce enrichit, dès qu'elles ont assez de numéraire a leur service, consacrent le *bullion* qu'elles gagnent par la suite à acheter des produits étrangers : matériaux de construction, meubles, bijoux, etc.

Donc peu importe la baisse de la frappe ; elle vient de la surabondance des espèces D'autre part, il n'y a pas lieu de s'effrayer de l'exportation de l'or et de l'argent, puisque le *bullion* sert à se procurer des produits qui viennent ainsi augmenter la richesse nationale.

Xénophon avait bien vu que l'exportation du *bullion* par la voie du commerce ne pouvait faire aucun tort à une nation : « En outre, les marchands, dans « la plupart des autres villes, sont forcés de faire

(1) *Discourses of the public revenues*, part II, p. 358.

« un échange de cargaison, faute d'espèces ayant
« cours au dehoıs. A Athènes, on peut faire tous les
« échanges possibles d'objets utiles; et si l'on ne
« veut pas de cargaison, on peut embarquer de l'ar-
« gent, marchandise excellente; car où qu'on la vende,
« la recette dépasse les avances (1). »

L'Espagne, qui en prohiba l'exportation, vit dis-
paraître secrètement son or et son argent qui prirent
le chemin de l'étranger, et comme elle n'avait pas d'in-
dustʳıe, elle s'appauvrit de plus en plus. La richesse
d'une nation vient souvent de la liberté d'exporter
le *bullion;* c'est ce qui a enrichi la Hollande, Venise,
Livourne. Certains diront que, leur terrıtoire étant
peu étendu et leur production nationale faible, le
bullion était pour ainsi dire la seule chose que ces
Etats puissent échanger. Or, si on remonteà l'origine
du commerce, on constate qu'ıl a pris naissance là où
une multitude, se trouvant à l'étroıt, dut s'approvisionner au dehors.

Il y a du reste une proportion entre le nombre
d'habitants et le nombre d'acres au delà de laquelle
la production nationale ne suffit plus. Cette proportion semble être de 9 acres par tête en Angleterre,
10 acres en France et 8 acres en Hollande. L'évolution commerciale se fit à partir de 1450 pour la Hol-

(1) Xenophon, *A Discourse upon improving the revenue of the
state of Athens*, p. 17. L'argent athénien avait beaucoup plus de
valeur que celui de toute autre nation; aussı avait-il cours partout

7

lande, de 1600 pour l'Angleterre et dans les dernières années de Richelieu pour la France. Et c'est ainsi que plus la population augmente, plus on est obligé de recourir au commerce extérieur qui, naturellement, se développe en conséquence.

Donc les nations, petites ou grandes, doivent se livrer tôt ou tard au commerce ; et la meilleure manière de s'enrichir de cette façon est d'acheter des produits à l'étranger qu'on réexporte et revend beaucoup plus cher ; il y a un bénéfice net qui rend la balance favorable. C'est ce qui a fait la fortune de la Hollande.

John Pollexfen et autres bullionistes ont présenté la balance du commerce sous un mauvais jour, précisément parce qu'ils n'y font entrer que l'or et l'argent ; or, il n'y a pas que ces deux métaux à mériter le nom de richesse, il y a tous les articles achetés à l'étranger qui viennent accroître la fortune publique d'une façon ou d'une autre. Il semble donc bien que ces auteurs se soient trompés dans leur état général de la balance et qu'il en est de même lorsque Pollexfen affirme que le commerce des Indes coûte 400.000 l. st. par an à l'Angleterre.

L'Angleterre exporte aux Indes en *bullion* et marchandises 500 000 l. st. par an et en importe des articles pour une valeur de 1.800.000 l. st., dont

1.300.000 l st. sont consommées chez elle, et le reste, 500.000 l. st., est réexporté en Europe et vendu 680.000 l. st (1).

Ces 1 300.000 l. st. représentent la valeur des articles, non pas en première vente, comme le croyait Pollexfen, mais après une série de ventes successives, entre les mains du dernier acheteur, le consommateur.

En somme, loin d'appauvrir la nation, le commerce des Indes l'enrichit et tend pour beaucoup à faire pencher la balance en faveur de l'Angleterre.

La question est de savoir quelle est la meilleure manière d'exploiter ce commerce. Davenant préfère le voir aux mains d'une société par actions (*joint-stock*) privilégiée, et les raisons qu'il en donne sont précisément celles qu'on invoqua lorsqu'il fallut renouveler les privilèges de la Compagnie alors en exercice.

Avec le système de la réglementation (*regulated Company*), le commerce est ouvert à tous, à la condition de se soumettre a certaines prescriptions contenues dans une Charte. C'est la libre concurrence et là justement se trouve l'inconvénient quand il s'agit des Indes.

Les premiers temps, des aventuriers, attirés par le gain, équiperont à grands frais des navires de com-

_____

(1) *Discourses of the public revenues*, part. II, p. 377.

merce et se rueront en masse sur les marchés des Indes. Une telle abondance d'acheteurs fera monter les prix, car ils renchériront l'un sur l'autre, mais lorsqu'ils reviendront avec leurs marchandises en Europe, ils s'y verront évincés par les Hollandais qui, ayant acheté dans de meilleures conditions, vendront les mêmes articles bien moins cher ; car les Hollandais n'ont aux Indes que les Anglais comme concurrents, tandis que ces derniers se font en plus concurrence entre eux.

Si les premiers aventuriers subissent des pertes, cela jette le discrédit sur ce commerce et décourage ceux qui voudraient l'entreprendre dans la suite. Puis, ce n'est pas une grosse somme mise pendant 2 ou 3 ans qui sauvegardera ce trafic, mais un capital considérable alimentant constamment l'entreprise poursuivie avec méthode et calcul. Il lui faut beaucoup de stabilité.

L'Inde est un pays éloigné. On ne doit pas songer à faire des traités avec les princes indous, car ils ne les respecteraient pas. D'un autre côté, il y a la rivalité formidable des Hollandais, qui profiteront de la moindre négligence. L'Angleterre est obligée de créer des forts pour protéger ses comptoirs et des entrepôts pour mettre ses provisions. Des aventuriers ne sauront pas entretenir avec soin les places-fortes, parce qu'ils ne voudront ou ne pourront y consacrer une somme suffisante ; ils feront si bien qu'ils laisseront péricliter ce trafic, dont les Hollandais, mieux organisés, s'empareront.

Donc, pour toutes ces raisons, il vaut mieux confier le sort de ce commerce à une société par actions. En conséquence Davenant conseille de proroger pour une longue durée les privilèges de la Compagnie alors en exercice.

Il y a d'abord un avantage énorme, c'est qu'on l'a vue à l'épreuve ; tandisqu'avec un nouveau système, il est bien difficile d'en prévoir les résultats. Puis, étant par actions, elle peut ouvrir une large souscription et disposer ainsi de capitaux considérables qui assureront le trafic et en même temps serviront à l'entretien des forts. Enfin il n'y a pas cette concurrence désastreuse entre marchands d'un même pays. Ce sont des avantages très appréciables et qui militent en faveur du renouvellement du privilège de la Compagnie.

Le commerce des Indes ouvre les portes de la Perse, de la Chine et du Japon; et bien que la société hollandaise soit admirablement outillée, si la Compagnie anglaise est bien établie, appuyée sérieusement par le Gouvernement, le Commerce des Indes profitera davantage à l'Angleterre, car elle pourra vendre ses propres produits, tissus de laine et autres, jusqu'au cœur de l'Asie.

CHAPITRE VI

Des moyens de rendre favorable la balance du Commerce

En 1699, paraît *An Essay upon the probable methods of making a people gainers in the balance of trade, by the author of the Essay on ways and means.* (Essai sur les meilleures méthodes à suivre pour rendre favorable la balance du commerce.)

Il n'est pas étonnant que Davenant revienne sur un sujet qui lui est cher. Il l'avait du reste fait prévoir en terminant ses *Discourses :*

« Depuis l'impression de la première partie de ce
« discours, nous avons vu un *Etat de la marine mar-*
« *chande de l'Angleterre, en 1688, avec le profit*
« *qu'on en retire.* Ces calculs faits par M. Grégory
« King avec l'intelligence et le soin qu'il apporte
« habituellement dans ses travaux m'ont donné
« l'idée de développer ultérieurement plusieurs
« points touchant la balance de commerce (1). »

Puis l'empressement avec lequel le public a

(1) *Discourses of the public revenues,* part II, p 134

accueilli ses premiers ouvrages l'encourage a poursuivre ses recherches et publier ses observations. Il
est vrai que ses *Discourses* furent attaqués dans deux
brochures, mais les arguments, à son avis, en sont
si faibles et l'ignorance de la statistique paraît si
manifeste chez les auteurs qu'il ne prend pas la
peine de répondre à leurs objections (1). Il poursuit
donc sa tâche, d'autant plus qu'il vient d'être appelé
de nouveau au Parlement après s'être si longtemps
éloigné des affaires (2), et il en profite pour soutenir
devant la Chambre des Communes un plan d'assis-

(1) *Essay upon the probable methods of making a people gainers
in the balance of trade*, 1699, pp 2 et 3

Les *Remarks* de M. T. E. — d sont probablement : *Remarks
upon some wrong computations and conclusions contained in a late
tract entitled . Discourses on the public revenues* 1698 L'auteur
attaque violemment la première partie des *Discourses* en ce qui
concerne les *excises*, il avait certaines raisons de justifier la
conduite de la Commission qui succeda a celle dont fit partie
Davenant , du reste, il ne conteste pas la valeur de cette dernière (*Remarks upon some wrong computations* . p. 4.) Il s'en
prend surtout a notre auteur , en tête de ses *Remarks* se trouve
la devise suivante qu'il emprunta a Davenant, mais en la diri-
geant contre lui : *miserable is what country where the men of
business do not reckon right* (misérable est la nation dont les
hommes d'affaires calculent mal)

Les *Observations* de M. P. R — y (probablement Philip Ryley,
inspecteur des eaux et forêts, qui occupa divers postes près du
Trésor) sont peut-être *A Vindication of some assertions relating to
coin and trade, from the reflections made by the author of the
Essay on ways and means in his book entitled . Discourses on the
public revenues .. 1699. Les assertions se trouvent dans le livre
de Pollexfen, *England and East-India inconsistent in their manufactures.*

(2) *Essay upon the probable methods ..*, p .

tance par le travail, que du reste il va développer dans cet *Essay* (1).

Il rappelle tout d'abord ce qu'il a dit dans ses *Discourses* sur les difficultés qu'on rencontre lorsqu'on cherche à déterminer la balance du commerce :

« Si nous connaissions la véritable balance du
« commerce et si nous savions profiter de ses rensei-
« gnements pour régler notre législation et notre
« manière de vivre, notre pays en retirerait autant
« de richesse qu'il est nécessaire pour donner à une
« nation la sécurité et le bonheur. C'est peut-être
« une entreprise au-dessus des forces humaines que
« de chercher à établir une balance exacte entre
« l'Angleterre et chacune des places diverses avec
« lesquelles elle est en relations, mais il n'est pas
« sûr qu'un examen aussi méticuleux soit de quel-
« que utilité. Un état général du commerce extérieur,
« dressé après une sérieuse enquête, avec réflexion
« et habileté, et portant en lui-même la preuve
« que ses données ne s'éloignent pas beaucoup de la
« vérité, serait d'un grand secours pour les hommes
« d'État et les ministres et un guide précieux pour
« les grandes assemblées délibérantes (2). »

Aussi se borne-t-il dans cet *Essay* à indiquer les

(1) W. Cunningham, *The Growth of English industry and commerce in modern times*, part I, p 573.

(2) *Discourses on the public revenues*, part. II, p. 331 ; et *Essay upon the probable methods*, p. 0.

meilleurs moyens d'assurer à un peuple l'avantage dans la balance du commerce. Pour la connaître, il importe de faire une enquête sur la production nationale; car si l'or et l'argent sont la mesure du commerce, les produits naturels et industriels en sont la source (1). Mais comme ils résultent du travail, une enquête de ce genre ne présente aucune certitude, tant qu'on ignore l'état de la population. Son étude se divise donc de la maniere suivante :

1° L'état de la population anglaise ;

2° Du sol et de ses produits ;

3° De l'influence des impôts sur la balance du commerce.

Enfin, il insiste longuement sur ce point : qu'un pays ne peut accroître sa force et sa puissance que par la fidélité aux devoirs civiques chez les particuliers, l'honnêteté et la sagesse chez les gouvernants. Ces considérations du reste ont un caractère beaucoup plus politique qu'économique (2).

SECTION I

L'état de la population anglaise.

Davenant venait de lire le manuscrit des *Natural and political observations and conclusions upon the state*

---

(1) *Discourses on the public revenues*, part. II, p. 331 ; et *Essay upon probable methods*, p. 12.

(2) *Essay upon the probable methods*, pp. 103 à 312.

and condition of England que composa G. King vers
1696. Il fut frappé de ces travaux faits avec beaucoup de soin, de ces statistiques nombreuses et déjà
empreintes d'une certaine précision a une époque
où cette science était encore dans l'enfance. Il voulut
attirer l'attention du public sur cet ouvrage qu'il
ignorait et qui ne devait voir véritablement le jour
qu'en 1810. C'est pourquoi, avec la permission de
l'auteur, il en publie a plusieurs reprises dans cet
Essay des extraits; notamment ses statistiques sur
l'état de la population, le nombre de mariages, naissances et décès a Londres et en province (1).

G. King évalue la population de l'Angleterre a
2.000.000 environ lors de la conquête normande, à
2.750.000 en 1260, et 5.500 000 en 1695 ; de sorte
qu'elle aurait doublé en 435 ans. Mais quant a l'avenir, il se lance dans l'inconnu avec un certaine té-
mérité. Ayant établi par une comparaison des naissances et des décès que l'accroissement annuel devait
être de 9.000 âmes, il en conclut que la population
doublera en 600 ans, si bien que, dans le tableau qu'il
dresse a cet égard, il arrive au chiffre surprenant de
11.000.000 d âmes pour l'an 2.300 !

Petty du moins se montre plus prudent dans ses
conjectures. Davenant peut lui reprocher d'avoir
exagéré en évaluant la population de l'Angleterre et
du Pays de Galles à 7.400.000 âmes pour 1682. Mais

(1) *Essay upon the probable methods*, pp 15 à 23

il se rapproche beaucoup plus de la verité, lorsqu'il l'estime a 15.184.090 pour 1802 et 21.636.259 pour 1842 (1).

Les calculs de King suggèrent à l'auteur de l'*Essay* diverses réflexions.

Une population nombreuse est une cause de richesse et de force; elle se développe selon que la liberté et la propriété sont plus ou moins bien protégées. Un pays libre retient les indigènes et attire les étrangers, surtout lorsqu'on procure à ces derniers des avantages appréciables et qu'on facilite la naturalisation. Encore n'en faut-il pas un trop grand nombre à Londres, car cela présenterait des dangers pour le Gouvernement. Ils se groupent dans certains quartiers, se marient entre eux, parlent leur langue maternelle, et ainsi forment un Etat dans l'Etat. Il n'est pas bon non plus que l'armée comprenne des étrangers, et Davenant évoque a propos l'exemple de Carthage et de ses mercenaires en révolte (2)

Il faut, en outre, encourager au mariage et à la prolification. Or, on a fait tout le contraire en Angleterre; on a mis des taxes sur les mariages et les naissances. Si elles ne gênent pas la classe aisée, en revanche elles pèsent lourdement sur les pauvres. Qu'on en exempte au moins les familles nombreuses. Il vaudrait mieux les abolir et les remplacer par

(1) Maurice Pasquier, *Sir William Petty Ses idées économiques* 1903, p 218

(2) *Essay upon the probable methods,* pp 27 et suiv

tout autre impôt, octroyer des privilèges à ceux qui ont tel nombre d'enfants et exclure les célibataires de certaines fonctions et de certaines dignités (1).

D'après les statistiques de G. King, sur les 5.500.000 habitants, il y aurait 2.800.000 individus du sexe féminin contre 2.700.000 du sexe masculin. Comme beaucoup d'hommes sont pris pour la défense nationale, un certain nombre de femmes restent célibataires, ce qui est une perte sèche pour le pays.

On remarque qu'il y a à peu près autant d'individus dans les deux sexes ; ce qui est un argument contre la polygamie ; car, si la nature avait destiné plusieurs femmes à chaque homme, elle aurait fait en sorte qu'il y ait beaucoup plus de naissances féminines.

Mais le nombre ne suffit pas. Chacun doit se rendre utile, concourir à l'œuvre commune de la production de façon à ce que la balance du commerce en profite.

Or Davenant, tout comme King et Petty (2), divise les individus en deux catégories : les uns, par leur fortune, leur talent ou leur travail, enrichissent la notion et viennent en aide aux autres ; ce sont : la noblesse, la *gentry*, les fonctionnaires, les négociants, les hommes de loi, le clergé, les propriétaires fon-

(1) *Essay upon the probable methods*, pp 32 et suiv. Davenant s'inspire ici des fameuses lois caducaires.

(2) Maurice Pasquier, W. *Petty, ses idees economiques*, p 158. Petty divise les citoyens en classes productives et improductives.

ciers, ceux qui exercent une profession libérale, les commerçants, les artisans, les officiers, avec leur famille, au total 2.675.000 individus. Les autres vivent à peine de leur travail et sont à la charge des premiers; ils comprennent : les soldats, les journaliers, les villageois, les pauvres, avec leur famille, et les vagabonds; au total, 2.825.000 individus (1).

Ainsi plus de la moitié de la population vit aux dépens du reste; et si on considère le nombre de familles, la proportion est beaucoup plus forte; car 500.000 familles entretiennent 850.000 familles (2).

D'après le tableau que King dresse des individus suivant leur rang social, leurs occupations et leur revenu, Davenant observe: que la noblesse et la *gentry*, centrairement à ce qu'on pense, paient une faible part des impôts par rapport à l'ensemble; que tous les impôts indirects de consommation retombent en définitive sur les classes pauvres. Aussi propose-t-il leur réduction au minimum en temps de paix; car s'ils sont trop lourds, ils frappent directement : 1° les riches, qui restreignent leurs dépenses, et le commerce en souffre; 2° l'industrie; par suite, le prix des objets de consommation visés augmente, car l'impôt élève les frais de production; ce qui provoque indirectement une hausse des salaires, puisque les

______

(1) *Essay upon the probable methods*, pp. 43 et 44; ainsi que le tableau de G. King annexe également, p. 50.

(2) *Essay upon the probable methods*, p. 44.

ouvriers, souffrant à leur tour de la cherté de la vie, doivent, pour subsister avoir un revenu suffisant. Le commerce intérieur, et par là même le commerce extérieur, se trouvent atteints et la balance menacée : car elle dépend du coût de production (matière première, main-d'œuvre). Enfin, les pauvres, qui représentent plus de la moitié de la population, se voient lésés indirectement, puisqu'ils sont à la merci des riches qui les emploient et leur viennent en aide. Si ces derniers sont gênés, ils en pâtissent, en particulier les paysans qui consomment, il est vrai, peu d'objets taxés, mais vivent du bois et des céréales qu'ils glanent sur les propriétés (1).

Mais si Davenant ne conseille pas les *excises* en temps de paix, elles n'en restent pas moins le meilleur moyen de faire face aux dépenses en temps de guerre. Si, dès le début des hostilités, on avait levé d'un seul coup la somme nécessaire, l'Angleterre ne se serait pas plongée dans des dettes énormes (2).

Un pays peut avoir une population nombreuse et cependant rester pauvre, si la plupart de ses membres ne travaillent pas. Certes, il est humain de pourvoir aux besoins des vieillards, des estropiés, des malades et des infirmes ; mais ce qu'on ne doit pas tolérer, c'est que des individus en pleine santé

(1) *Essay upon the probable methods*, pp 44 et suiv.
(2) On retrouve ici l'idée qui domine l'*Essay upon ways and means*

croupissent dans la paresse et dans le vice aux dépens de la nation. Sur 500.000 familles pauvres, 400.000 (soit 1.300.000 individus) sont une charge pour l'État ; en y ajoutant 30.000 vagabonds, on obtient le total de 1.330.000 ; ainsi le 1/4 de la population du royaume vit des secours que lui fournissent les paroisses (1).

Sur l'ensemble, le nombre des vieillards et infirmes, réellement dignes d'intérêt, est faible et leur entretien ne coûte guère. Le rest les pauvres valides, se compose de ceux dont on tolère la fainéantise, et d'individus qui ne demandent qu'à travailler, mais qui végètent, parce qu'ils ne trouvent pas d'emploi. Si on y portait remède, si on procurait de l'ouvrage à ceux qui veulent bien concourir à l'œuvre commune de la production, si on forçait à travailler ceux qui savent se soustraire à ce devoir, non seulement la taxe des pauvres ne grèverait plus de 700.000 l. st. les paroisses, mais la nation se verrait enrichie de quelques millions de plus par an. Ce serait l'aisance générale.

Puisqu'on observe fort peu les lois relatives aux pauvres, sans doute parce que les juges de paix pensent qu'il n'est pas nécessaire de remplir leur devoir quand il s'agit du bien public, pourquoi n'en

<hr>

(1) *Essay upon the probable methods*, p 52 Également W Cunningham, *The Growth of english industy and commerce in modern times*, part. I, p 572.

pas confier l'exécution à des personnes qu'on intéresserait à l'affaire ; et Davenant expose un plan d'assistance par le travail présenté au Parlement en 1698, et dont il fait le plus grand cas (1).

Une souscription publique serait ouverte à ceux qui voudraient faire partie d'une société au capital de 300.000 l. st., pour le terme de 21 ans, destinée à secourir les infirmes et à procurer du travail aux pauvres valides ; tout cela à ses propres risques. Elle pourrait faire appe¹ pendant quelque temps à la taxe des pauvres pour lui permettre d'acheter le matériel nécessaire.

Cette société aurait des agents dans chaque paroisse, afin de secourir les impotents, et donner de l'ouvrage aux autres. On assisterait ces derniers en raison du travail fourni. Leur salaire serait inférieur d'1/4 à la rémunération courante ; sans cette précaution, bien des ouvriers lâcheraient leurs patrons et iraient à la société. Car il y a des avantages : en cas de chômage, elle est obligée d'assister l'indigent valide, jusqu'à ce qu'elle lui ait retrouvé de la besogne.

La société profiterait de toutes les donations revenant d'ordinaire à la paroisse.

(1) *Essay upon the probable methods*, p. 56 ; et le plan, pp 57 à 67. Egalement, W. Cunningham, *the Growth of English industry and commerce in modern times*, part I, p 573

SECTION II
Du sol et de ses produits

La population évaluée, les moyens de l'accroître et de l'utiliser indiqués, il importe de connaître la superficie du territoire, les ressources du sol et du sous-sol , car la balance du commerce dépend en grande partie de la façon dont on les exploite, en particulier la laine, le blé et les mines, qui sont la principale richesse de l'Angleterre.

Cette fois encore Davenant a recours à G. King (1), qui dresse un tableau où il indique la part de terres labourables, de prairies, de taillis, de forêts, de landes, de jardins, rivières, lacs, montagnes, routes, dans les 39.000.000 d'acres que constituent l'Angleterre et le pays de Galles (2). Il détermine ensuite ce que les 9.000.000 d'acres de labours produisent en blé et autres céréales; quelle est la valeur des prairies, des bois, etc..., et du mobilier vif.

Ces calculs de King suggèrent une série d'observations à l'auteur de l'*Essay*. Il remarque que, sur les 39.000.000 d'acres, il en a plus de 1/4 en terrains incultes et 6.000.000 d'acres en bois et parcs.

Le commerce et la terre dépendent étroitement l'un de l'autre. Le commerce apporte les éléments

(1) *Essay upon the probable methods*, pp. 70 à 76

(2) *Essay upon the probable methods*, p. 70; ainsi que le tableau de King annexe

qui servent à améliorer le sol qui, à son tour, lui livre une grande quantité de produits à exporter ; il en résulte une balance plus favorable.

Davenant estime que l'Angleterre pourrait nourrir le double de sa population sans avoir réellement à craindre la famine ; elle a l'avantage d'être entourée par la mer de tous côtés, et au cas où, par hasard, elle viendrait à manquer de blé, elle serait plus vite secourue qu'une nation moins peuplée se trouvant à l'intérieur des terres.

Il attire l'attention sur la fameuse loi de G. King : qu'en cas de disette d'une denrée de première nécessité, lorsque les quantités produites déclinent en raison arithmétique, les prix montent à peu près suivant une progression géométrique. King, ayant observé les fluctuations du prix du blé, conclut que, sur un marché fermé, comme celui de l'Angleterre, des déficits de récolte de 1, 2, 3, 4 et 5 dixièmes amènent dans le prix des hausses respectives de 3, 8, 16, 28 et 45 dixièmes (1).

Lorsqu'il y a disette, l'Angleterre est obligée d'acheter du blé au dehors ; le Trésor en souffre énormément. On peut l'éviter en suivant l'exemple des Hollandais : comme leur sol produit insuffisamment pour leur subsistance, ils ont de vastes greniers publics où ils entassent le blé acheté bon marché dans les années d'abondance, au besoin, ils le re-

(1) *Lssay upon the probable methods*, p. 83

vendent fort cher, en cas de mauvaises récoltes, aux nations qui le leur avaient cédé à si bon compte. Ce procédé contribue pour beaucoup à rendre leur balance favorable.

Pour l'Angleterre, Davenant voudrait que l'on confiât le soin d'approvisionner les greniers qu'on construirait à cet effet, à des particuliers. On peut craindre qu'ils soient attirés par l'appât de gains immodérés en se livrant à une sorte d'accaparement de cette denrée. Mais notre auteur ne pense pas qu'il soit commis plus d'abus dans cette entreprise que dans les autres affaires d'intérêt public; car, en admettant qu'ils se conduisent mal, ils auraient à affronter la fureur populaire. En tout cas, on pourrait songer à la société d'assistance par le travail, si on venait à adopter le plan présenté au Parlement (1).

L'auteur de l'*Essay* indique encore d'autres moyens propres à assurer à l'Angleterre l'avantage dans la balance du commerce .

1° Développer l'élevage, en particulier du cheval, dont, à l'encontre des anciens mercantilistes, il encourage l'exportation (2);

2° Exporter le minerai; donc activer l'exploitation des mines. Puisqu'il faut un capital considérable,

(1) Le plan d'assistance par le travail, exposé dans l'*Essay upon the probable methods*, pp 57 et suiv Sur la question des greniers publics, voir le même *Essay*, pp. 84 et suiv.

(2) *Essay upon the probable methods*, pp. 89 et suiv.

l'Etat pourrait l'avancer sur les fonds publics et le profit qu'on en retirerait servirait d'abord à rembourser (1);

3° Reprendre les pêcheries aux Hollandais et vendre le poisson au dehors (2);

4° Enfin, interdire à l'Irlande d'exporter des tissus de laine et d'établir chez elle des manufactures de lin, afin qu'elle ne fasse pas à l'Angleterre une concurrence ruineuse.

Les laines sont la principale industrie du royaume et forment la majeure partie de ses exportations. G. King évalue la laine fournie par les troupeaux à 2.000.000 l. st par an, et les tissus qu'elle sert à fabriquer a 8.000.000 l. st., soit quatre fois sa valeur. Il en est vendu à l'étranger pour 2 000.000 l. st. par an ; ce qui prouve l'importance de ce facteur dans la balance du commerce. Il importe de le développer davantage. La laine anglaise est fort belle, parce que le climat froid et humide de l'Angleterre convient à cette industrie. Seule l'Irlande peut rivaliser avec elle sur ce point :

« L'Irlande est vaste, elle possède d'excellents
« ports et se prête admirablement au commerce ;
« on peut y faire bien des améliorations et elle est

<hr>

(1) *Essay upon the probable methods*, pp 92 et 93 Davenant s'inspire ici de Xenophon . *Discourse upon improving the revenue of the state of Athens*, pp 25 et suiv. .

(2) *Essay upon the probable methods*, p 95. Voir également, *Discourses on the public revenues*, part II, pp 135 et suiv.

« à même de nourrir trois fois plus d'habitants. Son
« sol, ses pâturages sont analogues aux nôtres et
« conviennent à l'élevage du mouton (1). »

Précisément les Lords avaient à sanctionner un
bill (2) voté par les Communes et dont le but était
d'interdire à l'Irlande l'exportation de ses tissus de
laine. Davenant, contrairement à ses idées libérales,
se rallie cette fois à la thèse mercantiliste : il estime
ce bill nécessaire, afin d'arrêter quand il en est
temps encore l'expansion des Irlandais dont l'industrie naissante menace celle de la métropole.

Mais une question s'élève qui provoqua bien des
discussions : peut-on appliquer à l'Irlande une loi
anglaise que le Parlement de Dublin n'a pas encore
sanctionnée ? D'après Molyneux, l'Irlande n'est pas
une colonie, rien ne justifie juridiquement cette
thèse. Davenant lui réplique en se basant sur des
arguments qu'il tire de l'histoire du droit public
anglais qu'il connaît à fond.

Des anciens Irlandais auxquels Henri II accorda
une constitution et ses successeurs des privilèges
et un Parlement, il reste à peine un millier de descendants. Et Davenant cite à cette occasion Edmond
Spencer, lequel remarque (3) qu'en fait les Irlandais préférèrent s'enfuir dans la montagne et laisser

(1) *Essay upon the probable methods*, p. 99.
(2) Le bill fut voté définitivement en 1698.
(3) Edmund Spencer, *View of the state of Ireland*, p 222

la place aux colons anglais qui eurent pour Constitution celle de leur propre pays. Un certain nombre d'indigènes s'étant soumis à ces colons en devin-
rent les vassaux. Quant aux privilèges, les vieux
Irlandais les perdirent, à la suite de maintes révoltes, avec leurs propriétés qui passèrent aux colons
en même temps que les droits et privilèges qui y
étaient attachés. Bref l'Irlande ne peut plus reven-
diquer la constitution octroyée par Henri II ; elle est
donc bien une colonie. Ces colons forment en réalité
le corps politique de l'Irlande ; or leur loi est la loi
anglaise.

Mais les nouveaux Irlandais et avec eux Molyneux
réclament quand même les anciens droits. Or, pour
savoir si on se trouve devant une colonie ou un état
distinct, le critérium est le suivant : si les envahisseurs se sont séparés de la mère-patrie et ont conquis les pays avec leurs seules forces, c'est une
nation distincte ; tel fut le cas pour les Goths, les
Scythes, les Vandales. Mais si les envahisseurs ont
agi au nom de leur patrie, ont conquis à ses dépens
et, trop faibles, ont eu constamment besoin de ses
secours, on se trouve devant une colonie : tel fut le
cas des colonies romaines, auxquelles il faut assi-
miler l'Irlande.

Comme il ne reste qu'un millier de descendants des
vieux Irlandais, ils ne sont pas assez nombreux pour
prétendre à un état distinct, et les nouveaux colons

ayant remplacé les Irlandais dans leurs propriétés
et leurs privilèges, il s'en suit que l'Irlande est bien
une colonie, tout en étant appelée royaume et tout
en ayant un Parlement et certaines juridictions (1).

Il est dangereux de donner le pouvoir législatif
à l'Irlande. L'Angleterre peut avoir de mauvais
princes, comme cela eut lieu jadis, qui iraient sanctionner des lois votées par le Parlement de Dublin
et dirigées contre la métropole.

Davenant indique alors les raisons pour lesquelles
il est bon d'interdire à l'Irlande l'exportation des
tissus de laine (2) :

1° L'Irlande représente près de la moitié de
l'Angleterre ; son sol est de la même nature ; on
évalue la laine fournie par les troupeaux à 1.000.000
l.st., soit la moitié de la laine brute recueillie en
Angleterre ;

2° L'élevage et l'amélioration du bétail conviennent mieux que toute autre chose à l'Irlande, pays
peu peuplé, car c'est une occupation qui demande
moins de bras ;

3° Les ouvriers sont attirés là où, la vie étant bon
marché, ils voient une matière première en abondance qui, une fois manufacturée, rapporte beaucoup.

(1) Sur toute cette question, *Essay upon the public methods,*
pp. 106 et suiv.
(2) *Essay upon the probable methods,* pp. 120 et suiv.

La main d'œuvre étant moitié moins chère en Irlande, Davenant calcule que ses tissus de laine pourraient se vendre à l'étranger un tiers moins cher que ceux d'Angleterre. Ce serait donc une concurrence ruineuse, car elle diminuerait environ de la moitié l'exportation lainière anglaise. Les fermages et la valeur du sol baisseraient ; les pauvres seraient de plus en plus nombreux ; enfin la balance se montrerait nettement défavorable.

De même, Davenant se montre hostile à l'établissement de manufactures de lin en Irlande. Elle n'aurait d'autre débouché que l'Angleterre et les pays qui en dépendent. Or certaines contrées d'Europe : la Hollande, les Etats allemands, n'achètent à l'Angleterre ses tissus de laine que contre leurs toiles. Déjà le commerce des Indes Orientales fait assez de tort à ces échanges qui ont diminué depuis que les Anglais portent des étoffes des Indes (1).

Pour dédommager l'Irlande, il propose de retirer la prohibition qui pèse sur l'exportation du bétail irlandais en Angleterre. Le prix de la viande baissera ; quelques comtés agricoles en souffriront, mais cela obligera les Anglais à défricher des terrains incultes, en vue de l'élevage.

Les Irlandais accepteraient cette mesure avec empressement ; car ils y trouveraient de grands avantages. Jusque-la, ils sont tenus d'exporter leur

(1) *Essay upon the probable methods*, p. 128.

viande en Amérique, en Espagne; les paiements
s'effectuent mal, les marchands font attendre les
bouchers parfois longtemps, et les propriétaires
irlandais en souffrent indirectement; tandis que si
c'est l'Angleterre qui achète, ils sont payés immédiatement (1).

Enfin, pour encourager l'exportation des tissus de
laine sur des places comme la Pologne, la Russie,
trop pauvres pour les acheter à cause de leur prix
relativement élevé, Davenant propose des primes de
10 0/0; ce qui augmenterait d'un bon tiers l'industrie lainière anglaise (2).

SECTION III

De l'influence des impôts sur la balance du commerce

Il est indispensable, pour rendre la balance favorable, d'avoir de bonnes finances, c'est-à-dire que le
peuple ne doit pas succomber sous le poids des impôts. L'enrichissement de l'Angleterre, de 1660 à
1688 vient de ce qu'on payait peu de taxes. En
1688, les revenus de l'Etat s'élevaient a 2.300.000
l. st. par an, frais de régie compris; soit seulement
le 1/20 du revenu général de la nation, 44.000.000
l. st., chiffre assez raisonnable (3).

Mais depuis la guerre, la situation n'a cessé de

(1) *Essay upon the probable methods,* pp 129 et suiv
(2) *Essay upon the probable methods,* p. 132
(3) *Essay upon the probable methods,* p. 143.

s'aggrave, si bien qu'en 1698 on paie 5.500.000 l. st. par an à l'Etat, soit le 1/8 du revenu général (1). C'est beaucoup trop. Le commerce en souffre. L'*excise* et les droits sur le malt se répercutent sur l'industrie lainière. Ils affectent le cardeur, le tisserand, le teinturier, dont il faut augmenter le salaire, devant le renchérissement des objets de première nécessité. Il s'en suit que le prix des tissus destinés à l'exportation s'élève. Des droits excessifs de douane nuisent au commerce extérieur; ce ne sont pas les gros commerçants qui en souffrent, mais les petits, la masse.

Mais de tous les nouveaux impôts, ce sont encore les hauts droits sur le sel qui font le plus de tort au commerce. D'abord, ils pèsent lourdement sur le peuple dont la principale nourriture consiste en lard et autres viandes salées; il en résulte une élévation des salaires et des produits manufacturés. Puis, ils pèsent sur la marine marchande : les principaux frais dans une traversée sont : 1° les boissons, que grèvent l'*excise* et les droits sur le malt ; 2° la viande, que frappe la taxe sur le sel. Ces impôts, et surtout le dernier, élèvent le prix du transport, si bien que les étrangers préfèrent se servir de leurs propres navires dans tous leurs échanges avec l'Angleterre (2).

(1) *Essay upon the probable methods*, p. 144.
(2) *Essay upon the probable methods*, pp 147 à 150 . statistiques sur la marine marchande , également le tableau de G. King annexé

D'un autre côté, les armateurs, écrasés par l'impôt, vont se décourager ; ce sera la décadence de la marine marchande ; or, comme la flotte de guerre y recrute ses marins, la défense nationale se trouve elle-même en jeu.

« Certes, le commerce est un mal ; avec l'aisance, « il introduit le luxe, la fraude et l'avarice dans un « pays ; la vertu et la simplicité des mœurs s'en vont ; « et finalement le peuple, corrompu, devient l'es- « clave du pouvoir ou de l'étranger (1). »

Mais le commerce est un mal nécessaire ; de lui dépend la sûreté de l'Etat.

Puisque tous ces impôts affectent tant la balance du commerce, il faudrait amortir au plus vite les dettes (2) dont ils sont la garantie. Or, la plupart se trouvent engagés pour une longue période. Davenant estime que, jusqu'à ce qu'on ne paie plus que 2.300.000 l. st. par an, comme en 1688, soit le 1/20 du revenu général, l'Angleterre ne saurait être prospère. Si on n'y parvient, apparaîtront bientôt tous les symptômes auxquels on reconnaît un peuple qui décline.

Il y a même du danger pour la liberté qu'une si grosse somme soit levée chaque année, d'autant plus que, si on n'y prend garde, cela ira en augmentant.

(1) *Essay upon the probable methods*, p 154
(2) En 1698, elles s'élevent a 20 000 000 l st.

Il est à craindre, en effet, que des ambitieux, au pouvoir, mettent la main sur le Trésor.

Tant que ces dettes subsistent, le taux de l'intérêt est élevé, et les rentiers préfèrent prêter a l'Etat à 7 0/0, 10 et même 20 0/0 que de risquer leurs capitaux dans le commerce. C'est un placement à la fois de tout repos et très productif. Les bons du Trésor rapportent plus de 7 1/2 0/0, sans compter les primes à l'émission, représentant 232.000 l. st. sur une souscription de 3.000.000 l. st.

On conçoit le tort que ces emprunts font à la nation, puisque non seulement ils provoquent la hausse du taux de l'intérêt, mais détournent les capitaux du commerce (1).

(1) *Lssay upon the probable methods*, p 86.

CHAPITRE VII

L'activité politique de Davenant.

A partir de cette époque, les écrits de Davenant
revêtent un caractère plus nettement politique. C'est
qu'en effet il se trouve de nouveau mêlé à la vie active
de son pays. Pendant près de 10 ans, il s'était vu éloigné des affaires et il lui arriva de s'en plaindre amè-
rement (1).

Mais vers 1700, les *Tories* et les *old Whigs*, qui ne
forment plus qu'un, semblent reprendre un moment
l'avantage. Davenant, à deux reprises, se voit appelé
à représenter, en compagnie de Francis Stonehouse,
le bourg de Great-Bedwin : dans le quatrième Parlement de Guillaume III, convoqué pour le 6 décembre 1698; et dans le cinquième, qui se réunit le
6 février 1700 (2).

La nature de ses écrits n'a plus le caractère quasi-

(1) *A Discourse upon grants and resumptions* 1700, p. 44. Le
passage en question semble avoir été écrit avant le mois de
décembre 1698, époque où il fut appelé de nouveau au Parlement

(2) Cobbett, *Parliamentary history of England*, vol V, pp 1184
et 1226

scientifique qui les distinguait. Le statisticien émérite, l'économiste averti s'effacent devant le politicien caustique, l'homme de parti rancunier, qui ne cesse pourtant de dire des choses justes et leur vérité aux gouvernants.

Toute la fin de l'*Essay upon the probable methods of making a people gainers in the balance of trade* n'est déjà plus qu'un long traité de morale à l'usage des citoyens et surtout des ministres d'Etat. Les premiers doivent veiller à ce qu'on respecte la constitution, leur palladium ; les seconds doivent gouverner avec ordre et économie.

*
* *

Avec le *Discourse upon grants and resumptions, by the author of the Essay on ways and means* (Discours sur les donations et reprises royales), paru en 1700, la tendance politique persiste, malgré le but économique qui anime l'œuvre.

Lorsqu'au cours du temps on finit par considérer le domaine de la Couronne comme une propriété personnelle du monarque, les rois en profitèrent pour faire des libéralités que toujours le Parlement désapprouva comme contraires au caractère inaliénable de ce domaine. Dès le XVe siècle, on réputa révocables à la mort du roi, non seulement les donations qui émanaient directement de lui, mais même toutes les faveurs, concessions et nominations qui semblaient dériver du pouvoir souverain; il fallait une nouvelle investiture au début de chaque règne.

Lorsqu'il fut question des biens confisqués à la suite de l'expédition d'Irlande, Guillaume III les aliéna au profit des gentilshommes hollandais qui l'avaient accompagné dans sa nouvelle patrie Les Tories s'agitèrent, et Davenant, dans son *Discourse upon grants and resumptions*, revendique le maintien des anciennes coutumes et montre l'importance attachée de tout temps à l'intégrité du domaine de la Couronne et les révoltes qu'ont suscitées les malversations des ministres et des courtisans. Il invoque à l'appui l'exemple des Romains, qui durent leur grandeur à l'ordre et à l'économie dont ils firent preuve dans tout ce qui avait trait aux affaires publiques. Leurs meilleurs empereurs furent ceux qui se montrèrent le plus économes des deniers de l'Etat; ils ne se reconnurent jamais le droit de disposer à leur gré du Trésor et des revenus publics. Mais des prodigues succédèrent a ces grands princes et dissipèrent en peu de temps ce que leurs prédécesseurs avaient pris tant de peine à amasser et conserver; et ce fut certes une des causes qui contribuèrent à précipiter la chute de l'Empire.

Afin de justifier les reprises, Davenant cite des précédents dans l'histoire de l'Angleterre, qu'il connait à merveille. Ces reprises réitérées impliquent la volonté de la nation de ne pas tolérer l'aliénation des domaines de la Couronne. Bien plus, il montre par divers exemples le sort qui fut réservé en Angleterre et dans d'autres nations aux ministres corrompus qui s'octroyèrent quelque bonne concession à même les biens royaux. Si, en Angleterre, on se contenta de les mettre en accusation, du moins en France ils se virent condamnés à la peine capitale.

Les biens qui ont été confisqués en Irlande doivent donc revenir à la Couronne; ils serviront à liquider la dette de 4.000.000 l. st. contractée au cours des dernières opérations militaires qui y furent effectuées.

Le *Discourse upon grants and resumptions* souleva la colère des hommes au pouvoir. On prétendit que le véritable motif était le désir, chez les Tories, de mortifier le prince et ses ministres, et de bénéficier à leur tour des faveurs royales (3).

L'année suivante, parut en réponse au *Discourse* un ouvrage intitulé *Jus regium*, où l'auteur montre que le roi avait parfaitement le droit de faire des donations à même les biens de la Couronne; que du reste tous ses prédécesseurs l'avaient fait avant lui; que ces reprises seraient causes d'injustices et qu'en somme on n'en retirerait que de maigres avantages.

Le Parlement insista près de Guillaume III pour que les reprises des biens d'Irlande fussent effectuées;

(1) Oldmixon, *History of England during the reigns of William and Mary, Anne, George I*, p. 197.

mais celui-ci résista aux prétentions qu'avait le Parlement de contrôler tous les emplois de la fortune publique. Ce ne fut qu'a l'avènement de la reine Anne qu'on apporta des restrictions formelles au droit d'aliéner les biens de la Couronne (1).

En 1701, parurent : *Essays upon the balance of power ; the right of making war ; peace and alliances, universal monarchy* (Essais sur la balance du pouvoir ; le droit de faire la paix, la guerre et des alliances ; la monarchie universelle).

Cet ouvrage, où Davenant expose ses idées sur la politique extérieure, est nettement dirigé contre la France ; ce qui n'empêche pas un peu plus tard ses ennemis de l'accuser d'être vendu au gouvernement français.

L'Europe doit s'unir et faire contrepoids aux ambitions croissantes de Louis XIV (2). Afin que l'Angleterre soit forte, il importe que les partis désarment et que tous les sujets obéissent fidèlement à leur prince.

Guillaume III avait à lui seul conclu avec la

(1) Sur toute cette question : Georges Bry, *Histoire industrielle et économique de l'Angleterre, depuis les origines jusqu'a nos jours,* 1900, p 385.

(2) Nous sommes en effet au moment où s'ouvre la guerre de succession d'Espagne

France, par l'intermédiaire du comte Tallard, ambassadeur à Londres, les deux traités de partage de la monarchie espagnole. Davenant déplore ces traités comme pouvant nuire à son pays. Dans le second *Essay*, il prouve que depuis Guillaume le Conquérant il arriva rarement aux rois d'Angleterre de faire la paix, la guerre et des alliances sans le consentement de l'Assemblée nationale. Autrement ce serait une atteinte à la liberté. Certes, d'après la Constitution, le prince a le droit de décider de la paix ou de la guerre. mais le pouvoir législatif peut intervenir et donner son avis pour le bien du roi et de son peuple. Et Davenant cite à l'appui de ce qu'il avance l'autorité de maints légistes, et en appendice il produit divers documents sur la matière. Ces questions de prérogatives avaient du reste été maintes fois agitées sous les derniers Stuarts, et surtout sous Jacques II.

Il fut répondu à ces *Essays* dans un pamphlet intitulé *Animadversions on a late factious book intitu'ed Essays upon the balance of power...* » (Reproches adressés à un pamphlet tout récent intitulé : Essai sur la balance du pouvoir...) 1701. L'auteur dit entre autres : que si Davenant se fait tant remarquer par ses attaques reitérées contre le Gouvernement, c'est afin de convaincre le public de son amour pour sa patrie ; mais qu'au fond chacun sait que son animosité n'a d'autre cause que le fait de

n'avoir aucune part dans l'administration des revenus de l'Etat (1).

Ce fut dans les *Essays upon the balance of power...*
que Davenant, emporté par son zèle, se laissa aller
a des réflexions peu favorables sur le clergé, ce qui
lui attira une censure très sévère de la part d'une
des Chambres de Convocation, à propos du passage
suivant :

« Un grand nombre d'entre nous ne sont-ils pas à
« même de signaler certaines personnes que rien ne
« recommandait a des postes de confiance et souvent
« à de riches bénéfices, si ce n'est la haine mani-
« feste qu'ils ont professée dès leur plus tendre
« enfance pour la divinité du Christ (2) ? »

La Chambre Haute de Convocation décida qu'il
serait apposé aux portes de l'Abbaye de Westmins-
ter une affiche, dans laquelle « on priait l'auteur, ou
« l'un de ceux dont il se prévaut, de signaler les
« personnages auxquels il est fait allusion, afin qu'ils
« soient poursuivis en justice, ce qui serait rendre
« un grand service à l'Eglise; autrement le dit pas-
« sage sera considéré comme un scandale (3) ».

Mais Davenant semble n'en avoir eu cure, puisque
dans l'edition Whitworth (1771) se trouve le même
passage, qui n'a donc pas été modifié.

(1, *Animadversions on a late factious book* , 1701, p 5
(2) *Essays upon the balance of power.* , 1701, p. 40.
(3) *Th History of the Convocation of the prelates and clergy of
the province of Cantorbury*, London, 1702, p 73.

*
* *

Quoiqu'il eût écrit avec chaleur contre la France, ses ennemis l'accusèrent d'être secrètement vendu au gouvernement français, dont il recevait, disait-on, une pension considérable.

Au moment de la mort de Jacques II et de la reconnaissance par Louis XIV de son petit-fils, le duc d'Anjou, comme roi d'Angleterre, on soupçonna Davenant, ainsi que d'autres membres du Parlement, A. Hammond, J. Tredenham, de conspirer et d'être en correspondance secrète avec le secrétaire de l'ambassade, M. Poussin (1). En effet, lorsque ce dernier reçut l'ordre de quitter le pays, il se trouva, malheureusement pour eux, qu'on le découvrit non pas chez lui, mais en train de souper, le 23 septembre 1701, à la *Blue posts tavern*, en leur compagnie. L'incident fit beaucoup de bruit ; ceux-ci essayèrent de se disculper (2) ; l'affaire coûta cher aux Tories, car à l'élection suivante pour le sixième et dernier parlement de Guillaume III, qui se réunit le 30 décembre 1701, ce parti perdit 30 sièges, entre autres

(1) *A full and true relation of a horrid and detestable conspiracy against the lives, estates and reputations of 3 worthy members of this present Parliament* London (1702) ; sorte de satire

(2) *A vindication of Dr C. Davenant, A. Hammond, esq., and J. Tredenham, esq., from the scandalous reflections cast upon them in a little paper, called A full and true relation of a horrid and detestable conspiracy. The whole answered paragraph by paragraph,* London, 1702

ceux de Hammond et de Davenant. Les Jacobites, au Parlement, furent accusés d'être aux gages de la France et traités de *Poussineers*. Et Oldmixon, qui dans son histoire des Stuarts ne se montre pas précisément tendre pour Davenant, se plaît a lui donner ce nom (1). Or si vraiment le ministre de France lui alloua une pension, c'était bien mal placer son argent ; car presque à la même époque notre auteur publiait ces *Essays upon the balance of power...* qui reflètent une certaine animosité contre la France.

Davenant, ayant perdu son siège en même temps que les Tories leur majorité, eut la douleur de voir un grand nombre de ses amis passer des bancs de l'opposition au Gouvernement et s'écarter de lui. Son ressentiment fut si grand qu'il stigmatisa dans une série de dialogues (2): *The true picture of a modern*

(1) Oldmixon, *History of England during the reigns of William and Mary, Anne, George I*, pp 210 et suiv

(2) *The true picture of a modern Whig, set forth in a dialogue between Mr Whiglove and Mr Double, two under-spur-leathers to the late ministry*, London, 1701.

Tom Double return'd out of the Country, or the true picture of a modern Whig set forth in a second dialogue between Mr Whiglove and Mr Double at the Rummer Tavern, in Queen's street, London, 1702

Plus tard, en 1707, ces deux dialogues furent publiés avec un troisième : *The true picture of a modern Whig reviv'd, set forth in a third dialogue between Mr Whiglove and Mr Double, at Tom's Coffee House, in Covent Garden*, London, 1707.

Whig (Portrait fidèle d'un Whig moderne), les *modern Whigs*, cette fraction du parti « Whig », qui avait tourné, disait-il, la Révolution à son profit.

Ces dialogues, un chef-d'œuvre d'ironie où notre auteur avec un art consommé fait raconter par Tom Double lui-même, le type du *modern Whig*, avec une candeur cynique, les coups de bourse, spéculations honteuses et corruptions électorales qui illustrent la vie du triste héros, sont en même temps une peinture excellente des mœurs de l'époque. Ils obtinrent un tel succès que Davenant en continua la série un peu plus tard. Certains adversaires essayèrent même d'imiter son style.

Pourtant Davenant finit par désarmer. Lorsque la reine Anne monta sur le trône, il se montra plus accommodant avec le ministère, son langage s'altéra, s'édulcora ; et bientôt la réconciliation fut un fait accompli.

Aux instances de Lord Halifax (1), il publia en 1704 *Essays upon peace at home and war abroad, by Charles Davenant, LL. D.* » (Essais sur la paix à l'intérieur et la guerre au dehors), qu'il dédie à la reine. Dans cet ouvrage il renforce en quelque sorte ce qu'elle avait conseillé en prenant le pouvoir. Il

(1) C'est Montagne, le grand financier auquel est due la fondation de la Banque d'Angleterre (W. Cunningham, *The Growth of english industry and commerce in modern times*, part I, p 436)

montre combien il est nécessaire que tous les partis, oubliant leurs haines, s'unissent, pour que l'Angleterre soit plus forte en soutenant la guerre dans laquelle elle se trouve engagée sur le continent

Le but principal de cet ouvrage était d'empêcher le vote du bill destiné a prévenir ce qu'on appelait l'*occasional conformity* (1). Ce bill présenté en 1703 fut finalement voté en 1711.

Un tel changement d'attitude de la part de Davenant lui attira la colère de ses anciens amis et des membres du Haut-Clergé qui avaient promu ce bill. Ils l'attaquèrent avec plus d'animosité que n'en mirent jamais ses ennemis d'autrefois et le traitèrent de *profligate scribbler* (2). Les *Essays upon peace at home and war abroad* donnèrent lieu du reste a toute une littérature (3).

On lui fit, entre autres, le reproche suivant, que, tant qu'il n'obtint rien, il fut un homme de parti; mais que, du jour où il a eu quelque chose, il s'est mis à prêcher la paix.

(1) Cette expression s'appliquait vers 1700 aux personnes qui, afin de remplir les conditions requises pour entrer en charge, faisaient acte d'adhésion a l'Église anglicane et juraient de se conformer a ses rites, mais, une fois en possession de leur charge, ils allaient assister aux offices non conformistes.

(2) Oldmixon, *History of England during the reigns of William and Mary, Anne, George I*, p. 222

(3) La liste s'en trouve a la Bibliographie de l'œuvre de Davenant

Effectivement, dès les premiers temps du nouveau règne, des commissaires ayant été désignés pour conclure l'union avec l'Ecosse, Davenant, dans une lettre au Lord trésorier Godolphin (1), s'offrit comme leur secrétaire. Il vit sa demande couronnée de succès; ce fut sa rentrée officielle dans les affaires.

Mais la reine voulut lui assurer une vieillesse tranquille ; il fut nommé, en 1705, inspecteur général des exportations et importations, fonction qu'il conserva jusqu'à sa mort et dans laquelle il donna une nouvelle preuve de ses capacités et servit fidèlement son pays.

(1) Manuscrits du *British Museum* : Add Mss. 29 588 f. 177.

CHAPITRE VIII

Le Commerce de l'Afrique.

A partir de 1704, les écrits de Davenant se font
plus rai es. En 1709 seulement parut un ouvrage d'une
certaine importance : *Reflections upon the constitution
and the management of the trade to Africa* (Réflexions
sur la constitution et l'organisation du commerce de
l'Afrique), en 3 parties, chacune publiée séparément (1).

Incidemment il avait été amené à parler de ce
commerce à propos des colonies d'Amérique (2).
N'ayant pas étudié véritablement la question, et
suivant alors ses tendances libérales, il pensait qu'il
valait mieux laisser le commerce ouvert à tous, à
condition qu'on se conforme aux règlements (*regulated company*). L'expérience lui démontra que ce
système ne pouvait convenir à ce genre de trafic,

(1) Cet ouvrage ne porte ni le nom de Davenant, ni la mention
by the author of the Essay upon ways and means ; mais il n'en est
pas moins de lui. Du reste, au *Catalogue of the library of Antony
Collins esq*, vol. II, p. 14, on trouve D* Davenant, *Reflections
on the trade to Africa*, 3 parts, 1709.

(2) *Discourses on the public revenues,* part II, pp. 257 et suiv.

et que, là comme aux Indes, il fallait recourir au monopole entre les mains d'une société par actions (*joint-stock company*) privilégiée.

Du temps d'Elizabeth plusieurs armateurs de Londres formèrent une société à laquelle la reine accorda une charte et des privilèges; ils allèrent s'établir sur la côte de Guinée ; mais leur tentative fut infructueuse. Il n'y eut réellement une organisation commerciale anglaise en Afrique qu'en 1618, lorsque Jacques Ier octroya à sir Robert Rich et quelques autres une charte leur conférant le droit exclusif de faire le commerce dans ces contrées. Mais il ne purent faire respecter leurs privilèges et la société qu'ils avaient formée dut se dissoudre. Ils eurent aussi à souffrir de la concurrence des Hollandais, qui bâtirent des forts, créèrent des comptoirs et supplantèrent les Portugais, qui s'étaient déjà établis sur plusieurs points.

En 1631, Charles Ier accorda une charte et des privilèges à Humphrey Slaney, Nicholas Crisp et autres, qui fondèrent des comptoirs et construisirent des forts, dans le but d'enlever ce commerce aux Hollandais ; mais ce fut en vain. En 1651, la même charte fut concédée à Rowland Wilson; en réalité, ce commerce se trouva entre les mains de la Compagnie des Indes : ses navires exportaient des draps en Afrique en échange de l'or nécessaire à ses transactions.

Au temps de Cromwell, la société privilégiée ne fut pas soutenue et le commerce devint libre. Les Hollandais et les Danois en profitèrent pour s'attaquer aux marchands anglais et saisir leurs navires.

Sous Charles II, on chercha de nouveau à développer ce trafic. L'entreprise fut confiée au duc d'York et au prince Rupert. La charte concédée en 1662 donna à la Compagnie en formation le droit exclusif de faire le commerce en Afrique. Mais en 1664 la guerre éclata entre l'Angleterre et les Pays-Bas; une flotte hollandaise fut envoyée sur la côte de Guinée; elle détruisit les forts anglais, saisit les navires et s'empara des marchandises.

Cependant le monopole fut renouvelé en 1672. La compagnie eut le droit de fournir les nègres nécessaires aux colonies anglaises de l'Amérique du Nord et d'admettre les marchands anglais, qui ne faisaient pas partie de la compagnie, au commerce des côtes africaines en accordant des permissions qu'elle concéda moyennant finance. Cette fois l'entreprise rencontra un peu plus d'encouragement de la part du public qui s'y intéressa davantage, d'autant plus que c'était un débouché pour les produits anglais, tels que les tissus de laine, en échange desquels on avait de l'or, de l'ivoire, et des matières colorantes.

Mais son existence était précaire; car, comme toutes les précédentes, elle n'avait pas reçu la sanc-

tion du Parlement, et ne pouvait donc pas faire respecter ses privilèges. Puis, les marchands non affi-
liés a la compagnie, n'ayant pas à entretenir les forts
et les établissements, qui étaient a sa charge, ven-
daient à meilleur marché et lui faisaient ainsi beaucoup de tort.

Finalement, la compagnie adressa, en 1697, une
pétition au Parlement, qui fut forcé d'intervenir ;
mais celui-ci estima qu'il valait mieux faire une
expérience en laissant le commerce libre pour une
période de 13 annees. Tout commerçant anglais
pouvait trafiquer en Afrique, en payant un droit de
10 0/0 sur toutes les marchandises, à la compagnie
qui devait en retour entretenir les forts et les comptoirs (1).

A ce moment Davenant écrivait ses *Discourses on
the public revenues and on the trade of England.* Les
planteurs d'Amérique se plaignaient de ce qu'on ne
leur envoyait pas un nombre suffisant de nègres,
qu'on leur faisait du reste payer un prix excessif.
D'un autre côté l'insuccès qui s'attachait à chaque
compagnie privilégiée le décida en faveur du commerce libre. Mais après dix ans d'expérience, il put

(1) Sur l'histoire du commerce de l'Afrique · *Reflections upon
the constitution and the management of the trade to Africa,* 1909,
part I, pp 4 à 8 ; — egalement, W Cunningham, *The Growth of
english industry and commerce in modern times,* part I, pp. 273
et suiv , - G Bry, *Histoire industrielle et economique de l'Angleterre,* 1900, p 312.

constater que le nouveau système était encore moins satisfaisant.

Les commerçants libres se livrèrent à de nombreux abus. Les Hollandais intervinrent pour jeter le trouble et provoquer des dissensions ; ils excitèrent les indigènes contre la compagnie anglaise. Ces derniers, en gens habiles profitèrent de la situation pour élever le prix des nègres, de l'or, de l'ivoire, et décrier les produits anglais, dont le prix baissa. Les commerçants durent les offrir à un taux exorbitant aux planteurs, qui furent obligés d'élever le prix du sucre, du coton, de l'indigo (1).

Devant cet état de choses, la compagnie adressa en 1707 une pétition à la reine Anne, en vue de recouvrer son privilège avec cette fois la sanction du Parlement. Les lords commissaires du commerce et des colonies furent chargés de faire une enquête et de dresser un rapport. Mais ils se fièrent aux dires des commerçants libres dont ils insérèrent les prétentions dans leur mémoire. Le Parlement fut dissous avant qu'on ait eu le temps de l'examiner. Or des copies de ce rapport nettement en faveur des interlopes furent répandues un peu partout.

C'est pourquoi Davenant, après avoir fait à son tour une enquête, compulsé divers registres, entre autres celui des douanes, entreprend de réfuter les alléga-

______

(1) *Reflections upon the constitution and the management of the trade to Africa,* part I, p. 10

tions des commerçants libres, qui avaient intérêt à
présenter les choses sous un jour qui leur était favorable.

Ceux-ci prétendent qu'ils exportent en Afrique
annuellement pour 125 000 l. st. de tissus de laine anglais. Or, en réalité, cette exportation ne s'élève qu'à
33 883 l. st par an, car ils vendent cet article moitié
moins cher qu'autrefois (1) Ils affirment ensuite qu'ils
envoient en Amérique 25.000 nègres par an et les
vendent entre 14 et 23 l. st. par tête. Or ils emploient
les 33.883 l. st. qu'ils retirent de la vente des tissus
de laine, non à acheter de l'or, de l'ivoire pour l'Angleterre, mais à se procurer des nègres à raison de 8
l. st. par tête, soit 4 235 individus, au lieu de 25.000 (2);
et ils les revendent aux planteurs entre 25 et 40 l. st.
même parfois 40 et 60 l. st. Enfin ils vont jusqu'à dire
que les forts établis sur la côte ne sont pas indispensables, mais que si, vraiment, il faut en avoir,
ceux de la Compagnie sont parfaitement inutiles; ils
seraient insuffisants, mal approvisionnés, et man-
queraient d hommes et de canons.

Davenant présente les indigènes comme avares,
rusés, serviles, peu fideles aux engagements, à moins
qu'ils n'y trouvent quelque intérêt ou qu'on les y
oblige par la force. Les Européens qui s'établirent
sur la côte les attirèrent a eux par des cadeaux; et

(1) *Reflections upon the constitution and the management of the
trade to Africa*, part I, p 13
(2) *Reflections on the trade to Africa*, part I, p 14.

les rois nègres s'allièrent aux blancs qui surent le mieux gagner leur amitié par des cadeaux sans cesse renouvelés

Les Hollandais ont élevé des forts, constitué une compagnie privilégiée, et supplanté les Portugais qui n'en avaient pas. Mais bientôt ces derniers suivirent leur exemple Les Danois et les Français qui s'établirent également sur la côte eurent une compagnie privilégiée et crurent bon, eux aussi, de créer des moyens de défense.

La Compagnie royale anglaise dut réparer ses forts et en construire d'autres, afin de se protéger contre les attaques des Hollandais qui, jaloux d'elle, mirent tout en œuvre pour nuire aux intérêts britanniques sur la côte de Guinée. Ils suscitèrent des querelles entre les rois nègres, soutinrent un parti auquel ils fournirent des armes, des munitions, etc., a la condition qu'il chasse les autres Européens ou tout au moins borne son commerce aux comptoirs hollandais Ils montrèrent aux indigènes des cartes ou un petit point représentait l'Angleterre et tout le reste la Hollande et ses possessions. A l'avènement du roi Guillaume d Orange, ils leur dirent que : bien qu'étant roi d'Angleterre, c'était un seigneur hollandais (1). Enfin ils essayèrent de corrompre ceux qui étaient au service de la compa-

(1) *Reflections upon the constitution and the management of the trade to Africa,* part. I, pp 22 et 23.

gnie et obligèrent les navires des commerçants libres à saluer leurs forts en passant.

Tout ceci prouve combien il est nécessaire d'établir des moyens de défense sur les côtes d'Afrique. Du reste, si les commerçants libres semblent tant dédaigner les forts, c'est uniquement dans l'espoir de les avoir par la suite a vil prix.

La situation n'est pas la même que pour le commerce du Levant, où le système de la *regulated company* peut convenir ; car, en Turquie, tous sont soumis au même prince, à la même justice. Mais, en Afrique, il y a une multitude de petits États, de rois, indépendants les uns des autres, qui n'ont aucune discipline, aucune justice ; en somme, ces contrées offrent beaucoup d'analogie avec les Indes pour lesquelles Davenant recommande dans ses *Discourses* une compagnie d'actionnaires (*joint-stock*) privilégiée (1). Il désire donc qu'on applique le même système au commerce de l'Afrique. Il suffira de proclamer le monopole entre les mains de la Compagnie royale, et surtout, afin de faire respecter ses privilèges, elle doit être protégée par les lois de son pays et recevoir la sanction du Parlement (2).

Parmi les nombreux arguments qu'il invoque en faveur d'une *joint-stock company* privilégiée, il en

(1) *Discourses on the public revenues*, part II, pp 387 et suiv.
(2) *Reflections on the trade to Africa*, p 29.

est deux qui ne laissent pas d'être assez étranges :
qu'il est bien difficile, avec le système du commerce
libre, de calculer exactement ce que la nation gagne
ou perd, et qu'une société est en général bien
plus apte à gérer ses intérêts que les particuliers(1).

La deuxième et la troisième partie des *Reflections*
sont destinées à renforcer ce que Davenant a avancé
dans la première. L'une renferme des témoignages
précieux et des pièces curieuses à propos des abus
commis par les commerçants libres et des procédés
employés par les Hollandais ; elle contient aussi des
renseignements détaillés sur l'état des forts et
comptoirs des côtes africaines. L'autre est une
réponse à un pamphlet intitulé *Some remarks on a
late pamphlet called « Reflections upon the constitution and the managenent of the trade to Africa »*.
Davenant s'attache à démontrer que c'est grâce a la
Compagnie royale que l'Angleterre doit d'avoir
conservé son commerce en Afrique.

Malgré tout, la Compagnie ne put avoir gain de
cause ; elle n'obtint pas encore le monopole. Les
affaires furent loin d'être brillantes Elle se trouva
endettée et dut en 1711 faire un arrangement avec
ses créanciers. A cette date, ses actions valaient

(1) *Reflections on the trade to Africa*, p 32.

4 l. st. 10, tandis que celles de la Compagnie des Indes étaient montées à 124 l. st. et celles de la Banque à 111 l. st. (1).

(1) W. Cunningham, *The Growth of english industry and commerce in modern times,* part I, pp. 273 et suiv.

CHAPITRE IX

La situation en 1710

En 1710, Davenant attaqua de nouveau les Whigs dans des *dialogues*, un peu moins connus, qui sont évidemment une sorte de continuation de *The true picture of a modern Whig*. On y retrouve le même style, plein de finesse et de malice, la même façon de ridiculiser le parti Whig dans la personne de Tom Double métamorphosé en Sir Thomas Double.

Un volume est intitulé : *Sir Thomas at Court and in high preferment. In 2 dialogues between sir Thomas Double and sir Richard Comover, alias Mr Whiglove : on the 27* *of septembre 1710. Part I. London, 1710.*

L'autre : *New dialogues upon the present posture of affairs, the species of money, national debts, publick revenues, Bank and East India Company, and the trade now carried on between France and Holland. Vol. II ; by the author of the Essay on ways and means. In 2 dialogues between sir Thomas Double, Sir Richard Comover, Mr Trueman and*

Mr Rook. On the 18th of novembre 1710. London, 1710.

Il y a tout lieu de croire que, malgré la différence des titres, le second ouvrage est la suite du premier.

Dans *Sir Thomas at court and in high preferments* (Sir Thomas Double à la Cour et en haute charge), Thomas Double et Richard Comover sont supposés ne pas s'être rencontrés depuis 1701 (1). Ils se trouvent tous deux dans une situation prospère. Comment se fait-il que Thomas Double soit si riche et qu'il ait été créé chevalier. « Qu'est-ce que vous avez fait depuis 1701 ? » lui demande R. Comover; et Thomas lui raconte avec un cynisme révoltant des histoires de corruption électorale et les procédés peu honnêtes qui l'ont mis à la tête d'une belle fortune et de la Compagnie des Indes.

Mais Richard Comover, qui n'est autre que le Whiglove (ami des Whigs) de *True picture of a modern Whig*, lui a promis (2) de lui raconter comment il est venu à quitter les Whigs et à se réconcilier avec son grand-père Comover, un vieux gentilhomme Tory, dont il a hérité.

Or les *New dialogues upon the present posture of affairs* (Nouveaux dialogues sur l'état présent des affaires) débutent précisément par ce récit. Thomas.

(1) L'époque où Davenant composait *The true picture of a modern Whig.*

(2) *Sir Thomas Double at Court,* p 9.

Double rappelle du reste à Richard Comover sa promesse du 27 septembre 1710 : « Dites-moi ce que vous avez fait depuis 1701, et racontez-moi ce qui se passa avec votre grand-père, comme vous me l'avez promis à notre dernière réunion (1). » Effectivement, dans le premier dialogue est narrée avec un humour délicieux la scène émouvante de la réconciliation de l'enfant prodigue *Whigloze* et du bon grand-père.

Le second dialogue, de beaucoup le plus important, rentre plutôt dans le domaine économique, sans pour cela cesser d'être une fine satire contre les Whigs. L'ironie se glisse entre des considérations sur les monnaies, la dette publique, les impôts, la Banque, la Compagnie des Indes et le commerce avec la France et la Hollande.

L'un des principaux personnages du dialogue est Mr Trueman, cousin de Richard Comover, l'un et l'autre représentent l'opposition; ils se moquent agréablement, imperceptiblement, de Thomas Double et son oncle Rook, soulignent leurs travers et les poussent tout doucement à raconter leurs méfaits ! Trueman (l'homme fidèle) est évidemment Davenant; il mène le dialogue, tient de longs discours où se retrouvent les idées mêmes des œuvres antérieures agrémentées d'aperçus nouveaux, fruits d'une longue expérience des affaires.

(1) *New dialogues upon the present posture of affairs,* p. 4.

***

Nous sommes en 1710. L'Angleterre soutient depuis 3 ans une guerre glorieuse, mais coûteuse, contre le gouvernement de Louis XIV. L'Etat se trouve dans l'embarras. L'argent se fait rare, la dette augmente dans des proportions énormes et le crédit ne va pas. On ne sait ou trouver des fonds qui ne ruinent ni l'industrie ni le commerce. Toutes ces difficutés, Trueman les attribue aux mesures prises par les ministres de Guillaume III (1). Au lieu de recourir aux emprunts et créer ainsi une dette perpétuelle, il eût mieux valu, pour subvenir aux frais de la guerre (4.000.000 l. st. par an) et maintenir la liste civile (600.000 l. st.), lever du premier coup ces impôts de consommation créés par la suite (2).

Une autre faute du Gouvernement a été la négligence apportée dans la fabrication des monnaies. On toléra le rognage, l'exportation des espèces, si bien que, lors de la refonte, en 1696, on se trouva avoir moitié moins de numéraire. L'or et l'argent étant à la base du commerce et du crédit, il importe de connaître ce qu'il en reste dans le royaume. Trueman exhibe une série de statistiques sur les monnaies. Depuis le règne d'Elizabeth jusqu'en 1659,

(1) New dialogues upon the present posture of affairs, p 6).
(2) On sait que Davenant les recommanda dès 169., dans son Essay upon ways and means

il en a été frappé pour 19.832.472 l. st. (1), et de
1659 à 1710 : 21.419.307 l. st. (2) ; malgré le
rognage, l'exportation d'espèces et de *bullion,* les
refontes, il doit rester encore pas mal de numéraire.
Si néanmoins l'argent est rare, il faut attribuer cet
état de choses au désordre financier, aux mesures
prises par le Gouvernement de Guillaume III ; et les
perturbations monétaires ont fait beaucoup de tort
au commerce.

Toutes ces circonstances ont plongé l'Angleterre
dans une dette qui s'élevait en 1697 à 17.552.544
l. st. (3) ; sur cette somme 2.957.534 l. st. ont été
amorties de 1797 à 1902 (4), c'est-à-dire durant la
paix. On affecta des fonds de garantie aux dettes
qu'il restait à pourvoir et dès lors le crédit se releva.
Mais il a fallu subvenir aux frais qu'entraîna la
guerre de succession d'Espagne, si bien que la dette publique garantie se trouve montée au 15 novembre 1710
à 27.876.566 l. st. en principal, comportant 1.803.198
l. st. d'intérêts (5). Outre cela il y a des dettes nouvelles à pourvoir : entre autres les déficits des fonds
de garantie, les dépassements de crédits relatifs à la
guerre.

(1) *New dialogues,* p. 71 ; également, *Discourses on the public
revenues,* part. II, pp. 29 et suiv.
(2) *New dialogues,* p. 74.
(3) *Discourses on the public revenues,* part. I, p. 171.
(4) *New dialogues,* p. 79.
(5) *New dialogues,* p. 81, compte détaillé de la dette.

Puisque l'argent est rare, les 28.000.000 l. st. de valeurs nouvelles (annuités, bons du Trésor, etc.) garanties par des fonds réels et l'honneur national, de leur nature facilement négociables, pourraient faire office de monnaie et venir en aide aux espèces, jusqu'au jour où la paix et la liberté commerciale apporteront beaucoup de *bullion* qu'on destinera à la frappe (1).

La Banque et la Compagnie des Indes ont été créées en vue du développement du commerce, du crédit, et pour pourvoir à la rareté des espèces en émettant des billets portant intérêt et facilement négociables. Pourtant, elles n'ont pas complètement répondu au but qui leur était assigné (2). Leurs actions ont des fluctuations énormes, et, comme elles font la loi aux autres valeurs, si elles baissent, le reste les suit et l'argent se fait rare, car ceux qui en ont le mettent en réserve, escomptant des cours plus bas encore dans l'espoir d'en profiter (3). C'est précisément ce qui eut lieu.

(1) *New dialogues,* pp 93 et 119. Ce sont toujours les mêmes idées rencontrées déjà à plusieurs reprises, notamment dans *Discourses on the public revenues,* part II, pp. 170 et 172.

(2) Davenant est en effet un adversaire de la Banque, parce qu'elle devait détourner les capitaux du commerce en faveur des emprunts d'Etat (*Essays upon ways and means,* pp. 42 et suiv.). Or, comme le remarque W. Cunningham, ce fut tout le contraire qui arriva ; elle facilita les prêts commerciaux. (W. Cunningham, *The Growth of english industry and commerce in modern times,* part. I, p. 445).

(3) *New dialogues,* p. 96.

Si les actions de ces deux sociétés ont baissé, c'est un peu leur faute. L'injustice qui a présidé à la création de la nouvelle Compagnie des Indes (1), les spéculations honteuses de certains de ses membres (2), jetèrent le discrédit sur l'ensemble des valeurs et affectèrent le crédit public.

Pendant les trois années de rivalité entre la nouvelle Compagnie créée en 1698 et l'ancienne, qui gardait son privilège jusqu'en 1701, 2.447.962 l. st.

(1) La grande prospérité de la Compagnie des Indes sous la Restauration et les immenses profits qu'on retira de ce commerce attirèrent une foule d'amateurs, étrangers à la Compagnie ou n'en faisant plus partie. On les appela des *interlopers*. En 1683, à propos d'un procès intenté à un *interloper*, Thomas Sandry, on souleva la question du monopole. Le cas fut jugé par Jeffreys, qui maintint le droit au monopole ; mais, malgré sa décision, les *interlopers* continuèrent leur trafic. De grosses fortunes s'érigèrent En 1691, les *interlopers* formèrent une sorte de société qui rivalisa avec la Compagnie Le cas fut soumis au Parlement qui, en 1693, en même temps qu'il renouvelait le privilège de la Compagnie, déclara le commerce des Indes libre à tout sujet anglais : *That all the subjects of England have equal right to trade to the East Indies unless prohibited by act of Parliament.*

Se basant là-dessus, le Parlement, un peu plus tard, par un acte de 1698, créa une nouvelle Compagnie, à charge de prêter 2 000.000 l. st à l'État à 8 0/0. Or l'ancienne, qui gardait son privilège jusqu'en 1701 et conservait les places et forts sur les côtes indiennes, souscrivit pour 315 000 l. st. dans la société rivale qui s'annonçait comme florissante, puisque, en 2 ans, elle envoya aux Indes 40 navires et 1.000.000 l st. en espèces. (Bonnassieux, *les Grandes Compagnies de commerce,* 1892, p 104 W. Cunningham, *The Growth of english industry and commerce in modern times,* part. I, p 288).

(2) *New Dialogues,* pp. 102 et suiv.

d'or et d'argent furent exportées aux Indes (1) , à cause de la concurrence qu'elles se faisaient, elles achetaient très cher des 'marchandises qu elles revendaient à perte. Avec une seule compagnie on n'aurait exporté en trois ans que 900.000 l. st. (2).

La Banque et la Compagnie des Indes sont sous la même direction et forment une sorte de monopole. Or, par cette union elles exercent une pression très grande sur le Gouvernement et dans les élections, où, par la corruption, elles évincent les Tories pour donner la place à leurs membres. Il faut qu'une loi intervienne et interdise aux directeurs de la compagnie d'être en même temps directeurs de la Banque, et réciproquement. Si elles restent unies, elles peuvent plus tard se joindre à un puissant parti; ce qui serait un danger pour la nation. Si on les sépare, il est probable qu'elles rivaliseront entre elles et peut-être s'entresurveilleront. Du jour où on les verra moins s'occuper de politique, la confiance du public leur sera acquise de nouveau et les actions remonteront.

La meilleure manière de relever le crédit est de pourvoir aux déficits. Le rendement des impôts est

____

(1) New dialogues, pp 106 et 107.

(2) La rivalité entre les deux Compagnies rendit la situation intolérable. Une fusion s'imposait. Après de longues négociations, lord Godolphin fut chargé de régler la question et la fusion fut opérée en 1708 (W. Cunningham, *The Glouth of english industry and commerce in modern times*, part I, p. 209.)

de 3.250.136 l. st. (1), dont 600.000 l. st. vont à la
liste civile, 1.803.198 l. st. aux intérêts de la dette,
et 846.938 l. st. à l'amortissement (2). Or, en plus,
il y a les frais annuels de la guerre, qui s'élevaient
déjà pour 1709 à 6.726.532 l. st. Comment pourvoir à pareille somme ? On ne peut songer à la lever
dans l'année. L'impôt foncier et les droits sur le
malt pourront fournir 2.530.000 l. st.; mais pour
le reste, 4.196.552 l. st. il faudra recourir néces-
sairement à l'emprunt et frapper de préférence quelque objet de consommation exempt d'impôt, qui servira de gage ; et pour raffermir le crédit, on deman-
dera à la Banque de faire circuler librement les
3.112.732 l. st. de bons du Trésor existant en
1710 (3). Si elle ne veut pas y consentir, on s'adres-
sera à des capitalistes plus modestes.

(1) *New dialogues*, pp. 120 et 121.
(2) *New dialogues*, p. 122.
(3) *New dialogues*, pp. 133 et suiv. et 136. La fondation de la
Banque d'Angleterre est due à Montagne et à l'écossais William
Paterson, dont le plan fut adopté. En 1694, on ouvrit une souscription publique pour un prêt immédiat de 1 200.000 l. st au
Gouvernement portant intérêt à 8 0/0. Les prêteurs formèrent
une société, à laquelle une charte octroya le monopole du commerce bancaire, le droit d'émettre du papier-monnaie et de faire
des avances au Trésor après un vote préalable du Parlement.
Au moment de la refonte de 1696, Montagne, pour remédier à
l'absence de numéraire, émit d'abord en 1697 pour 1.500 000 l.st.
de bons du Trésor, portant intérêt à 5 d. par jour, puis un peu
plus tard une seconde émission eut lieu de 1 200.000 l st. Les
bons étaient acceptés par le Trésor en paiement des impôts Sur
toute cette question, W. Cunningham, *The Growth of english
industry and commerce in modern times*, part I, p 439

Ces bons du Trésor remplaceront l'or et l'argent manquant ; mais il importe que le cours en soit stable, car si la valeur de la monnaie ou de ce qui en tient lieu est incertaine, les affaires s'en ressentent. L'argent est la mesure du commerce (1)

Mais pour qu'ils fassent vraiment office de monnaie, il faut a tout prix supprimer la fâcheuse distinction entre les *speçie bills* et *non specie bills*. Les bons émis par la Banque sont *non specie ;* c'est-à-dire que tant qu'ils n'ont pas passé par l'Echiquier, la Banque n'est pas tenue de les rembourser, mais dès que le Trésor les a encaissés en paiement des impôts, ils deviennent *specie*, c'est-à-dire que la Banque est tenue de les échanger contre de l'or et de l'argent à toute réquisition.

Or, il est dit, dans la dernière charte octroyée à la Banque, que jusqu'à ce que ces bons soient liquidés, personne, en dehors de la Banque, ne sera admis à en émettre, sans son autorisation (2). C'est une sorte de monopole du crédit.

Puisqu'elle a été créée en vue de le développer, qu'elle accepte comme *specie* tous les bons émis ; sinon qu'elle laisse a d'autres l'entreprise. Il se trouvera toujours des souscripteurs parmi les négociants de la Cité.

Pour relever le crédit, il importe aussi d'abolir les

(1) *New dialogues*, p. 132
(2) *New dialogues*, p. 142

taux usuraires, comme cela eut lieu déjà sous Guillaume III : un acte du Parlement avait interdit tout intérêt ou escompte au-dessus de 6 0/0. La réduction graduelle du taux de l'intérêt de 12 0/0 à 6 0/0 a donné de l'essor au commerce. Il y eut même en 1693 une proposition dans le but de fixer le taux de l'intérêt à 4 0/0 (1).

Les terres ne rapportent que 3 1/2 0/0. Les bénéfices des industriels et des commerçants ne sont pas si extraordinaires, lorsqu'on considère les risques qu'ils courent ; tandis que le capitaliste se fait déjà du 6 0/0 sans aucun travail. C'est à peine si l'impôt l'atteint ; et quand il prête à l'Etat, il en est exempt.

Jusque-là il n'y a eu que les riches à avoir profité des emprunts. Les autres en ont été exclus ; car il fallait souscrire une somme trop forte pour leur bourse. Trueman et son parti proposent d'ouvrir une souscription nationale (2), dans le cas où la Banque ne voudra pas déclarer *specie* tous les bons du Trésor : Des commissaires royaux recueilleront les adhésions. Le minimum de souscription sera 50 liv. st. Si, au 1ᵉʳ mars 1711, on n'a pas souscrit 32.000.000 liv. st., la souscription sera nulle et non avenue.

On ne versera que le dixième de sa souscription, en garantie du contrat jusqu'à l'expiration duquel la

(1) New dialogues, pp. 154 et suiv
(2) New dialogues, pp. 164 et suiv.

dite somme restera en dépôt au Trésor. Elle portera un intérêt annuel de 6 0/0. De sorte que, sur les 32.000.000 l.st., il ne sera versé immédiatement que 3.200.000 l. st. qui serviront à régler les bons du Trésor. Le reste n'est qu'une garantie en vue des futures émissions. En effet, le Trésor sera autorisé à émettre, pour 1711. 2.000.000 l. st. de bons, auxquels on assignera des fonds suffisants pour payer 8 0/0 représentant les intérêts et l'amortissement. Il pourra en émettre encore, s'il est nécessaire, pour 1712, 1713 et 1714, mais seulement jusqu'à concurrence de 8.000.000 l. st., et pas plus de 2.000.000 l. st. à chaque fois et en y assignant des fonds suffisants pour payer les 8 0/0.

Au cas où le public exigerait des espèces en échange de ses bons, les commissaires feront appel aux souscripteurs, qui devront s'exécuter dans les 30 jours, sous peine de se voir confisquer le dépôt du dixième.

Pour les petites bourses, il y aura des bons de 3 l. 2 sh. 6 d. et de 6 l. 5 sh. portant intérêt à 2 d. 0/0 par jour.

Les 3.200.000 l. st. de dépôt auront pour fonds ceux-là même qui servent de garantie aux bons du Trésor. Quant aux futures émissions de 1711, 1712, 1713, 1714, il faudra recourir à de nouveaux impôts sur la consommation.

Pour celle de 1711, Trueman propose que l'État

ait le monopole des cuirs (1). A partir du 25 mars 1711, toutes les peaux devront être vendues au Gouvernement. Toute infraction sera sévèrement punie.

On pourrait en tirer dans les 427.370 l st. par an (2). Ce serait un bon impôt exigeant peu d'argent et se répartissant équitablement sur l'herbager, le boucher et le consommateur.

Il propose encore d'enlever la prohibition que le Parlement a mise sur les soies des Indes qu'on frappera ensuite d'un impôt. Les Hollandais se sont emparés de ce commerce et en tirent de jolis bénéfices. Les Anglais ne cessent de porter de la soie malgré la prohibition, mais en contrebande et à des prix exorbitants. C'est une grosse perte pour le Commerce de l'Angleterre aux Indes, d'où ses navires reviennent sans fret de retour (3).

On pourrait encore taxer un grand nombre d'articles dont la nécessité n'est pas absolue (4). Ces petits impôts, s'ils produisent peu, ne sont pas une charge ; mais s'ils rapportent, ils aideront à amortir les dettes.

Pour subvenir aux frais annuels de la guerre, il y a l'impôt foncier et les droits sur le malt, soit

(1) *New dialogues*, p. 186.
(2) *New dialogues*, p. 193
(3) Tout ce que Davenant avait prédit à propos du bill prohibant la consommation des articles des Indes en Angleterre se trouve donc réalisé
(4) *New dialogues*, pp. 198 et suiv.

2.530.000 l. st. (1) , puis, l'émission de 2.000.000 l. st. garantie par le monopole des cuirs et quelques petits impôts, s'il est nécessaire; enfin, pour compléter, Trueman propose une loterie (2) :

On offrira au public jusqu'au 24 juin 1711 1.000.000 billets, à 12 sh. chaque, sur lesquels il y aura 49.825 billets gagnants, donnant droit à une rente viagère. Un fonds de 120.000 l. st. par an, pendant 70 ans à dater du 24 juin 1711, sera affecté au règlement de ces annuités.

À la mort d'un bénéficiaire, son annuité sera partagée entre les survivants, jusqu'au jour où il ne restera plus que 70 bénéficiaires.

Trueman calcule : « que les bénéficiaires, au début « 49.825, ne seront probablement plus que 70 dans « 50 ans. Car sur 50.000 individus , c'est à peine s'il « il y en a 70 à atteindre l'âge de 63 ans : or la plupart « des bénéficiaires seront des adultes; si bien que la « nation pourrait se trouver libérée bien avant le « terme de 70 ans assigné au fonds de garantie; d'au-« tre part, quand il n'y aura plus que 70 bénéficiaires, « chaque décès qui suivra fera 1.700 l. st. de moins « à payer par an (3). »

Le dialogue se termine par quelques considérations sur le commerce entre l'Angleterre, la France et la Hollande (4). Au début de la guerre de succes-

(1) *New dialogues*, pp 122 et 202.
(2) *New dialogues*, pp 202, 204 et suiv.
(3) *New dialogues*, p 206
(4) *New dialogues*, pp. 222 et suiv.

sion d'Espagne, les Hollandais et les Anglais s'é-
taient associés en vue de frapper de droits prohibitifs les articles français. Or, depuis, il est arrivé que
la Hollande s'est entendue avec la France pour faire
une sorte de commerce libre.

Mais Louis XIV est décidé à y mettre fin, sous
prétexte qu'il ne rapporte qu'aux Hollandais, tandis
que ce devrait être réciproque.

En faveur de quelle nation penche la balance. En
Hollande les avis sont partagés. Tout dépend de ce
que les Hollandais consomment et réexportent : s'ils
consomment les 2/3 de leurs importations françaises, leur balance est défavorable ; mais s'ils en
réexportent les 2/3, elle penche nettement en leur
faveur.

L'Angleterre se trouve intéressée dans cette affaire ; car la Hollande importe clandestinement en
France une grande quantité de produits anglais et
des Indes. Le pic pour elle serait que la balance
entre la Hollande et la France se trouve en équilibre. Elles sont ses deux rivales; or si elle penche
énormément en faveur de l'une, c'est l'affaiblisse-
ment de l'autre.

Aussi l'Angleterre aurait-elle dû insister pour que
la Hollande respecte ce qui avait été convenu au sujet des droits prohibitifs ; ou bien s'entendre également avec la France pour faire une sorte de commerce libre.

Certes la liberté du commerce est bien préférable au système protecteur, qu'on ne doit conseiller qu'en temps de guerre et seulement pour les produits nationaux dont l'ennemi a le plus besoin et qu'il ne trouvera que difficilement ailleurs (1).

Si la Hollande, quoique alliée à l'Angleterre et en quelque sorte tenue par son engagement, s'est entendue ainsi avec la France, c'est qu'elle a été fidèle à sa vieille habitude de considérer avant tout son commerce, même au détriment des intérêts d'un allié.

La perte que l'arrangement commercial entre la Hollande et la France fait subir à l'Angleterre peut être compensée par le rétablissement des pêcheries : ce qui n'était guère praticable, il faut bien le dire, tant que l'Ecosse et l'Angleterre ne formaient pas un seul peuple (2).

Vers la même époque parut *An essay upon the national credit of England* (Essai sur le credit national de l'Angleterre), que l'on attribue à Davenant (3).

(1) *New dialogues*, p. 230.

(2) *New dialogues* pp. 212 et suiv. Egalement *Discourses upon the public revenues*, part II, pp. 135 et suiv. Cette industrie est en effet une source de richesse considérable. La pêche se faisait non seulement sur les côtes anglaises, mais surtout sur celles de l'Ecosse.

(3) *British Museum Library* de Londres et Bibliothèque nationale de Paris, in catalogue. Egalement Halkett et Laing, *Dictionary of the anonymous and pseudonymous literature of Great Bri-*

Cet *essai sur le crédit national* serait une « introduction à une proposition en vue d'établir le crédit public sur des bases telles qu'il profite largement à l'Etat et au commerce ».

D'après le dit projet (1). le Gouvernement, au lieu de confier à des particuliers ou à une banque le soin d'émettre du papier-monnaie, assumerait lui-même directement l'entreprise, sous la forme de deux offices, sous la direction du Lord trésorier : l'un ferait les émissions des billets qui serviraient à régler les créanciers du Gouvernement et auraient libre cours partout le royaume et même a l'étranger ; l'autre effectuerait les remboursements en argent à toute réquisition, immédiatement et au pair. Ces billets ne porteraient pas intérêt. En cas d'insuccès, si on ne pouvait rembourser, il y aurait toujours une ressource ; comme l Etat serait tenu de les accepter en paiement des impôts, ils lui reviendraient de cette façon.

L'auteur de l'*Essay* montre les bienfaits de ce système : Il n'y a plus d'intermédiaire, pas même une banque d'Etat ; donc plus d'escompte, plus de primes. C'est une sérieuse économie. Le commerce,

tain. London, 18,2 38 On lui donne comme date de publication 1710 On, à la page 31 de l'Essay, il est dit. « that tis the same with Exchequer bills, which were set on foot about 8 years ago ». Les bons du trésor furent emis pour la première fois en 1697, cet *Essay* aurait donc été tout au moins composé 8 ans plus tard.

(1) *Essay upon the national credit,* pp 8 et suiv.

disposant d'une nouvelle richesse, prendrait un essor considérable.

L'idée du crédit national se rencontre à plusieurs reprises dans l'œuvre de Davenant (1), et du reste le système exposé dans l'*Essay* a, quant au fond, beaucoup d'analogie avec le projet d'une souscription nationale développé dans les *New Dialogues* (2).

(1) Notamment dans *Discourses upon the public revenues*, part. II, p 168

(2) *New dialogues*, pp. 164 et suiv.

CHAPITRE X

Un état général du commerce de l'Angleterre.

En 1712, parurent deux Rapports : *Reports to the honorable the commissioners for putting in execution the act intitled : « An act for the taking, examining and stating the publick accounts of the kingdom »; from Charles Davenant, LL. D. Inspector general of the exports and imports.* Le second rapport est daté de l'office de l'inspecteur général, 10 décembre 1711, et signé Charles Davenant. Cet ouvrage renferme de précieux renseignements sur l'état général du commerce extérieur de l'Angleterre.

A la date du 17 juin 1711, Davenant a reçu des Commissaires du commerce un avis dans lequel on le priait de bien vouloir dresser un rapport sur la balance générale et de joindre à cet état les observations que pouvait lui suggérer son enquête.

Mais il se plaint des difficultés qu'il a rencontrées, il n'a pu se procurer des comptes de la première importance; ce qui l'oblige à restreindre son étude.

Il examine tout d'abord l'état de la balance avec la France et remarque, d'après les statistiques qu'il a recueillies, qu'en 1662 et 1668 les échanges étaient considérables entre les deux pays et que la balance penchait beaucoup en faveur de la France tandis que, de 1698 à 1702, pendant les quatre ans de paix, les échanges sont moindres, mais en revanche l'Angleterre a l'avantage (1).

Il s'élève contre l'idée, généralement reçue, que l'Angleterre souffre beaucoup de son commerce avec la France. Or tant que les deux pays ne se génèrent pas par des droits prohibitifs réciproques, ils y trouvèrent leur compte et le commerce de l'Angleterre fut florissant. C'est ce qui arriva pendant le règne d'Elizabeth et jusque vers 1640. Mais, vers 1660, la situation changea et la France devint formidable. Certains patriotes éprouvèrent le besoin de pousser un cri d'alarme et de dire que l'Angleterre était ruinée par le prodigieux excédent en faveur de la France dans la balance entre les deux pays. Or, ce fameux excédent, exagéré à dessein pour des raisons politiques, n'empêcha pas l'Angleterre d'avoir l'avantage dans sa balance générale. La preuve en est dans la grande quantité d'or et d'argent frappée de 1659 à 1688 (2).

Dans un rapport du 23 déc. 1697, les lords commissaires du commerce calculèrent les exportations anglaises en France à 171.021 l. st. et les importa-

<hr>

(1) *A Report to the commissioners*, 1712, p 22.
(2) *A Report to the commissioners*, p. 26

tions françaises en Angleterre à 1.136.150 l. st.,
d'où un excédent de 965.129 liv. st. en faveur de la
France. Ils estimaient :

Les soies importées à .	300 000 l. st.
Les toiles ..	500 000 —
Les vins et eaux-de-vie ..	217 000 —
Au total	1.017.700 l. st. (1)

Or il est à penser qu'ils se sont trompés soit dans
la quantité soit dans la valeur de ces produits, à moins
qu'ils aient eu le dessein de plaire à ceux qui n'ai-
maient pas ce trafic. Rien que pour les vins et eaux-
de-vie, Davenant relève une grosse erreur : on les a
estimés au prix de vente en détail à Londres (ce qui
comprend le prix courant, la commission, le fret, les
droits de douane, les bénéfices des négociants et des
petits commerçants); or, quand on établit la balance
entre deux pays, seul le prix coûtant entre en ligne
de compte. Et il en a été toujours ainsi depuis 1660.
Aussi n'est-il pas étonnant que le Parlement ait eu
souvent l'idée de prohiber tout ce qui venait de
France. Or Davenant considère un tel système comme
fatal au commerce.

A partir de 1660 les deux contrées se sont combat-
tues au moyen de droits prohibitifs; et c'est la France
qui a commencé. L'Angleterre manqua à ses intérêts, dans les huit premières années du règne de

(1) *A Report to the commissioners*, p. 28.

Charles II, en ne ripostant pas immédiatement; et ce fut certainement une des causes de l'excédent en faveur de la France durant cette période.

Pendant la guerre de la ligue d'Augsbourg, l'Angleterre s'adressa plus particulièrement à d'autres pays pour les produits qu'elle avait coutume de demander à la France. Ainsi, pour les toiles, elle s'est mise à les acheter aux Etats allemands, qui du reste venaient de transformer leur industrie textile. L'Irlande elle-même a développé ses manufactures de lin. Pour les vins, l'Angleterre les a fait surtout venir de l'Espagne, puis du Portugal et de l'Italie, mais la consommation de vins du Rhin n'a pas été plus forte. Quant à la soie et au papier, elle s'est mise à en fabriquer.

En somme, il est assez difficile d'établir la balance entre l'Angleterre et la France, tant qu'on n'aura pas le compte des entrées entre 1669 et 1688. Mais on doit remarquer que, toutes les fois que l'Angleterre a négligé de riposter aux droits prohibitifs sur ses produits en France, ses exportations dans ce pays ont diminué, tandis que les importations françaises en Angleterre ont augmenté. D'autre part, dans les rapports, on a évalué au prix coûtant les marchandises anglaises, exportées en France, tandis que les produits français importés en Angleterre ont été comptés au prix de vente au détail à Londres ; ce qui est une source d'erreurs. Même avec des comptes exacts, on ne peut vraiment se baser sur la différence entre les exportations et les importations pour savoir si une nation gagne ou perd à son commerce. Ainsi en 1662 et 1668, la balance générale est loin d'être en faveur de l'Angleterre, et pourtant tout le monde s'accordait pour dire que son commerce était prospère ; tandis qu'à partir de 1688 les exportations l'emportent sur les importations, et chacun disait que le commerce ne profitait pas à la nation ; on constate même une diminution de la frappe, ce qui prouve que cet excédent ne fit pas rentrer beaucoup de *bullion* (1).

Davenant, ayant essayé, malgré les moyens imparfaits dont il dispose, de dresser un état du commerce avec la France, livre ses observations à ce sujet.

1° Il paraît impossible de déterminer exactement la balance entre deux pays, toutes les branches du commerce étant en étroite dépendance l'une de l'autre ;

2° Pendant longtemps, il y eut un fort excédent en faveur de la France ; mais il n'en faut pas conclure que ce soit une grosse perte pour l'Angleterre, car les vins, les toiles, les soies et autres articles qu'elle lui a achetés lui auraient coûté certainement beaucoup plus cher ailleurs, et, à moins de raisons politiques sérieuses, une nation doit voir où

____

(1) *A Report to the commissioners*, pp. 45 et suiv.

elle peut se procurer des produits étrangers à meilleur compte (1);

3° Lorsqu'on veut édicter des prohibitions, on doit se demander si le peuple saura se passer des articles qui en seront l'objet. Dans le cas contraire, c'est un mauvais calcul : ainsi, pour les vins français, il s'en procurera quand même, mais par des intermédiaires qui se feront payer cher;

4° Le système des prohibitions non seulement apporte des perturbations dans le commerce, mais conduit finalement à la guerre ;

5° Le meilleur moyen de mettre un terme à un trafic qui appauvrit la nation est encore d'édicter des lois somptuaires; du moins les voisins n'ont pas à s'offenser. La cour peut prêcher d'exemple en s'abstenant de porter des étoffes étrangères,

6° Mais une nation comme l'Angleterre, dont la puissance dépend de son commerce mondial, ne doit pas cesser ses échanges avec un pays aussi important que la France, qui abonde en produits de toutes sortes. Que les importations de France l'emportent, cela ne veut pas dire que l'Angleterre y perd, car elle en peut réexporter une grande partie et ainsi en tirer de beaux bénéfices; tandis que la balance, en apparence favorable avec la Hollande, dépend en grande partie de ce que la Hollande, et cela au détriment de l'Angleterre, sert d'intermédiaire avec

(1) *A Report to the commissioners*, p 19.

une troisième nation pour un grand nombre de produits anglais (1) ;

7° Toutes les branches du commerce dépendent étroitement l'une de l'autre; si on en supprime une, on risque à amener une perturbation générale. Ainsi, sans le commerce de l'Angleterre avec la France, les Français n'auraient pas pu faire des échanges avec l'Espagne et l'Italie; et sans le commerce de la France, l'Espagne et l'Italie, les échanges de l'Angleterre avec les Espagnols et les Italiens ne lui auraient pas tant rapporté (2) ;

8° Le commerce de l'Angleterre ne doit pas se borner à échanger des produits contre des marchandises étrangères dont elle a besoin. Elle doit aussi se livrer à la réexportation, donc étendre son commerce le plus possible,

9° En général, les pays où l'Angleterre exporte plus de produits qu'elle n'importe des leurs sont ceux dont le commerce lui rapporte le plus; mais il n'en est pas toujours ainsi; car dans les échanges avec l'Italie, les importations l'emportent, et cependant l'Angleterre a l'avantage, puisque ce commerce lui procure beaucoup de *bullion*, de même, avec l'Espagne.

---

(1) *A Report to the commissioners*, p. 51, égalemen t . *A second report to the commissioners*, 1712, p 41

(2) *A Report to the commissioners*, p 52 ; egalement . *Discourses on the public revenues*, part. II, p 72

Il ne semble donc pas que l'Angleterre ait beaucoup perdu par son commerce avec la France ; du
reste elle ne présente pas les symptômes d'un peuple
qui décline.

Puisque le système des prohibitions est si néfaste,
il faut espérer qu'avec la paix sera conclu avec la
France un traité de commerce qui abolira les droits
élevés et proclamera la liberté des échanges. Le
fameux excédent n'est plus à craindre depuis que
l'Angleterre fabrique la plupart des objets qu'elle
importait de France.

Les droits de douane excessifs ont du reste peu
rapporté au Trésor ; ce qui prouve combien le commerce extérieur a diminué, et ensuite combien de
telles mesures sont illusoires. Le commerce doit être
libre en principe. « Les nations qui croient favoriser
« la vente de leurs propres produits en décourageant
« celle des marchandises étrangères verront avec
« le temps leur commerce réduit à rien et leurs
« articles leur rester sur les bras. »

« Les nations qui acceptent nos produits comp-
« tent que nous achèterons les leurs dans la même
« proportion ; or des droits excessifs rendent cela
« impossible. Si nous voulons développer notre
« commerce mondial, nous devons traiter les autres
« comme ils nous traitent, et non plus mal. Il nous
« faut acheter puisque nous voulons vendre ; nous
« ne devons pas nous laisser caresser par l'espoir

« de subsister uniquement grâce a l'exportation de
« nos produits agricoles et industriels (1). »

La meilleure façon d'assurer l'avantage à l'Angleterre dans la balance est encore (2) : de ne pas
avoir une grosse armée, car, dans une guerre
offensive, elle appauvrit la nation au profit des
étrangers ; d'éviter les prohibitions la où elles ne
sont pas nécessaires ; de frapper de droits peu
élevés les produits étrangers afin de ne pas décourager les échanges et de développer le plus possible
le commerce extérieur, puisque le royaume abonde
en numéraire et en papier-monnaie. A cet égard,
Davenant encourage la *South Sea Company*, qui,
par son commerce dans l'Amérique du Sud, enrichirait l'Angleterre, soit en exploitant les mines d'or
et d'argent, soit en cultivant les territoires que
l'Espagne n'a pas encore conquis (3).

Dans le second rapport, Davenant étudie le commerce de l'Angleterre avec la Hollande. Il observe,
d'après les statistiques qu'il en dresse, qu'en 1663
et 1669 les échanges entre la Hollande et l'Angleterre étaient peu considérables en comparaison de
ce qu'ils ont été depuis, et qu'à cette époque la

(1) A *Report to the commissioners*, p. 63
(2) A *Report to the commissioners*, p 67
(3) A *Report to the commissioners*, pp 73 et suiv.

balance penchait en faveur de la Hollande, tandis
que de 1699 à 1704 l'avantage était grandement du
côté de l'Angleterre. Tandis que les exportations anglaises en Hollande ont augmenté prodigieusement
pendant la guerre, les importations hollandaises en
Angleterre sont restées à peu près stationnaires (1).

Une partie de ces exportations se compose de
produits coloniaux et d'articles des Indes réexpor-
tés (2) ; or on les a grevés de lourds impôts, ce qui
fait beaucoup de tort au commerce. On doit s'effor-
cer plutôt de les offrir le moins cher possible sur
les places étrangères.

Il ne faut pas croire que l'excédent de 1.400.000
l. st. en moyenne soit un grand avantage pour
l'Angleterre au détriment des Pays-Bas ; car si les
Hollandais y perdaient, ils auraient vite fait de mettre des droits sur les marchandises anglaises. Or
il n'en est pas ainsi ; ce qui prouve qu'ils n'ont nulle-
ment besoin d'une si grosse quantité de produits,
mais qu'au contraire ils les réexportent et en tirent
des bénéfices considérables qui auraient pu profiter à l'Angleterre si elle avait vendu ces articles
directement aux pays qui en avaient besoin.

Ainsi les Hollandais se font les *rouliers* de la
Grande-Bretagne pour la laine, le blé, l'étain, dans

(1) *A second report to the commissioners*, 1712, p 19

(2) Ils représentent, en 1703, 6.0 000 l st , environ, soit le 1/4
à peu près des exportations anglaises en Hollande à cette époque *A second report to the commissioners*, p. 12

les contrées où la guerre l'empêche de poursuivre ses échanges et dans celles où elle ne songe pas à aller (1).

Il arrive même que la Hollande revend parfois à l'Angleterre son propre blé dans les années de disette. Pour remédier à cet état de choses, Davenant propose de créer des greniers publics pareils à ceux qui existent dans les Pays-Bas (2).

Quant au tabac de Virginie, le principal produit colonial réexporté, les Hollandais le mélangent avec celui qu'ils cultivent chez eux et le revendent à d'autres pays avec un bénéfice énorme. Il importe que l'Angleterre n'en décourage pas l'exportation par de lourds impôts, car le tabac forme l'une de ses grosses réexportations, il peut du reste être aussi bien cultivé en Europe qu'en Amérique, les Hollandais font tous leurs efforts pour développer davantage cette industrie chez eux.

Pour les articles des Indes, il est à regretter qu'on les ait prohibés en Angleterre (3) ; car, puisqu'on n'a admis en entrepôt que ceux destinés à la réexportation, la Hollande les achète bon marché, car

---

(1) *A second report to the commissioners*, pp. 21 et suiv.

(2) *A second report to the commissioners*, p. 30 ; déjà il recommande ce moyen dans *Essay upon the probable methods of making a people gain is in the balance of trade*, pp. 84 et suiv.

(3) En 1700, un acte du Parlement prohibe les articles des Indes ; seuls sont admis en entrepôt ceux qui sont destinés à la réexportation (W. Cunningham, *The Growth of english industry and commerce in modern times*, part. I, p. 463.)

elle est à peu près le seul débouché de ces produits pour l'Angleterre. Elle fait de beaux bénéfices en les revendant fort cher, et de plus n'a pas à courir les risques auxquels s'expose la Compagnie des Indes. Il vaudrait mieux lever la prohibition qui pèse sur ces articles et seulement les frapper de droits; la vente qui s'en ferait en Angleterre empêcherait les Hollandais de les avoir au prix qu'ils veulent. Les articles des Indes n'ont du reste pas fait tort, depuis plus de 30 ans qu'on en exporte, aux laines anglaises.

Tout ceci montre combien il est vain de croire que toujours un pays gagne à ce que ses exportations l'emportent dans ses échanges avec un autre pays. Il n'y a avantage que lorsque ses produits sont entièrement consommés par la nation qui achète. Or, la Hollande, en réexportant les marchandises anglaises, fait beaucoup de tort au commerce de ce pays et s'enrichit en quelque sorte à son détriment. Si les exportations de l'Angleterre en Hollande ont augmenté prodigieusement, en revanche ses exportations dans les autres pays ont diminué et même cessé, comme cela est arrivé avec la France et l'Espagne, à cause de la guerre. Ainsi ce qu'elle gagne dans sa balance avec la Hollande, elle le reperd dans la balance générale (1). Puis, malgré l'excédent de

(1) *A second report to the commissioners,* pp. 42 et 43. Les produits anglais exportés en Hollande représentent 2,417 890 l st., soit près du 1/3 des exportations de l'Angleterre.

1.400.000 l. st. environ, beaucoup d'argent a été exporté en Hollande pour l'entretien des troupes anglaises se trouvant sur ce territoire pendant la guerre.

Bref il est à désirer, d'abord, que, une fois la paix conclue, l'Angleterre passe un traité de commerce avec la Hollande afin que les deux pays se trouvent à peu près sur le même pied dans leurs échanges ; ensuite, qu'elle fasse en sorte de devenir le grand entrepôt de l'Europe pour tous les produits étrangers ; et cela en accordant un délai un peu plus long pour retirer les marchandises destinées à la réexportation ; car un délai trop court comporte trop d'inconvénients pour les marchands. En un mot, l'Angleterre doit s'inspirer constamment de l'exemple de la Hollande et l'imiter dans tout ce qui concerne le commerce.

Cet ouvrage fut le dernier que composa Davenant. Il mourut quelques années après, le 6 novembre 1714, en possession de son office, et fut inhumé dans la même sépulture que sa mère, à Saint-Bride Church, Fleet Street, à Londres (1).

(1) *Gentleman Mazarine*, 1850 ; II, 367.

CONCLUSION

—

Davenant, comme Petty, dont il a subi l'influence, n'est déjà plus à proprement parler un mercantiliste. Certes, la balance du commerce constitue toujours le centre de son système économique, mais ses tendances libérales sont nettement accusées. Pourtant on ne peut le dire franchement libre-échangiste, car il a trop de réticences. Il essaie bien, dans son œuvre dernière, de s'affranchir des attaches qui le retiennent à la vieille doctrine; mais en définitive il reste un éclectique.

Ses vues sur la richesse et la monnaie sont larges et profondes. Il combat énergiquement John Pollexfen, qui considère l'or et l'argent comme formant la totalité de la richesse. Or, il entend par là tout ce que produisent le sol et l'industrie. Dans la nomenclature qu'il fait de la richesse nationale il comprend non seulement les choses qui ne passent pas, comme l'or, l'argent, les bijoux, mais aussi les objets périssables et même les facultés intellectuelles; en un mot, tout ce qui procure du bien-être au peuple.

Quant à la monnaie, loin de faire la loi au com-

merce, elle lui sert de mesure. C'est un simple valorimètre qu'on peut fort bien remplacer par un équivalent. Il va même jusqu'à la comparer a des jetons
destinés à faciliter les transactions.

Sa théorie du crédit n'est pas moins intéressante.
Il analyse cet instrument merveilleux, mais délicat,
appelé à jouer un rôle prépondérant dans les affaires
à côté du numéraire. Il préconise le papier-monnaie
et veut que toutes les créances des particuliers sur
l'Etat, sous la forme de bons facilement négociables,
deviennent, à la manière des *Exchequer bills*, une
sorte de papier-monnaie, circulant aussi librement
que l'argent. Il va même plus loin ; il propose qu'on
se passe purement et simplement de la Banque, dont
il est un adversaire, et que le gouvernement institue
ce qu'on appelle le crédit national.

Sur tous ces points, il est particulièrement en
avance sur son époque et se montre plus hardi que
Petty. On pourrait presque le ranger parmi les anti-
mercantilistes s'il ne revenait pas en définitive à l'idée
de l'accumulation des métaux précieux par une balance générale favorable.

C'est en effet une de ses grandes préoccupations.
Il recommande de veiller attentivement sur la balance du commerce. Ce soin rentre même dans les
attributions de son *council of trade*. Sa méthode
pour la calculer est encore en progrès sur celle de
Mun et de Child.

Dans ses *Reports to the commissioners* notamment, où il tente de condenser toute sa pensée comme dans une sorte de testament économique, il montre que non seulement il est bien difficile d'établir une balance exacte avec chaque pays, mais que cette méthode peut conduire à des erreurs. Ainsi, tout le monde se figure que le commerce avec la France, parce qu'il se traduit par un excédent formidable en sa faveur, appauvrit l'Angleterre ; or, Davenant remarque que si l'Angleterre était obligée d'acheter ailleurs ce qu'elle demande d'ordinaire a la France, elle le payerait beaucoup plus cher. A l'inverse, on s'imagine que le commerce avec la Hollande est très avantageux ; or, la balance en apparence favorable à l'Angleterre vient de ce que la Hollande réexporte beaucoup de produits anglais dans des pays où l'Angleterre pourrait les vendre directement.

Il ne faut donc prendre en considération que la balance générale du commerce et Davenant considère comme une condition essentielle de la prospérité d'une nation qu'elle soit favorable.

Hostile au système protectionniste en vigueur de son temps, il estime que des droits de douane excessifs nuisent au commerce qui, de sa nature, est libre et ne demande pas à être gouverné par des moyens artificiels. Lorsqu'il est nécessaire d'édicter des prohibitions ou des restrictions, il conseille de le faire avec une prudence extrême. Même si la balance est défavorable avec tel pays, il ne faut pas pour cela entraver ou cesser les échanges, car il peut y avoir une répercussion générale, toutes les branches du commerce dépendant plus ou moins l'une de l'autre.

A plusieurs reprises, surtout dans ses *Reports to the commissioners* il proclame la liberté des échanges et manifeste son désir de voir l'Angleterre passer des traités de commerce avec les principaux pays avec lesquels elle est en relations. Pourtant, il admire l'Acte de navigation de Cromwell et demeure partisan des compagnies de commerce privilégiées (*joint stock*) en ce qui concerne les Indes et l'Afrique. Il se montre également rigoureux vis-à-vis des colonies, qui ne doivent faire de commerce qu'avec la métropole. Il faut qu'elles soient soumises à un contrôle sévère. Il est bon que les gouverneurs les tiennent constamment sous leur main, avec fermeté, mais sans injustice ; car il craint qu'elles ne se révoltent et se rendent indépendantes. Cependant, il leur accorde un Parlement, contrebalancé, il est vrai, par un conseil des colonies permanent dans la métropole.

A propos de toutes ces restrictions, Davenant se rapproche de Child, mais diffère totalement de Petty, qui proteste contre le Pacte colonial et blâme secrètement l'Acte de navigation.

D'un autre côté, Petty rejette absolument les

droits de douane, tandis que Davenant les laisse subsister, à condition qu'ils soient modérés.

Pour justifier l'interdiction des manufactures de laine en Irlande, Davenant se base sur ce fait que celle-ci est une colonie de l'Angleterre.

Ses vues sur la population sont à peu près les mêmes que celles de Petty. Sur ce point, ils sont entièrement mercantilistes. Davenant considère qu'il faut développer la population par des mesures politiques afin d'accroître la richesse, tandis que plus tard les physiocrates retourneront la formule. Le travail étant une source de la richesse, il faut mettre tout en œuvre pour employer le plus grand nombre possible d'individus ; la population se trouve donc être un des facteurs essentiels de la prospérité économique. Il compare constamment l'Espagne, grand pays, mais pauvre et peu peuplé, avec la Hollande, peu étendue, mais surpeuplée et riche. Il propose divers moyens d'activer l'essor de la population : attirer des étrangers par une législation bienveillante ; encourager les familles nombreuses et frapper les célibataires.

Comme Petty et G. King, il divise les citoyens en deux catégories : ceux qui produisent et ceux qui vivent aux dépens des premiers. Il a, tout comme Child, son plan d'assistance par le travail.

En ce qui concerne les revenus publics, Davenant a fort bien observé la répercussion de l'impôt et traité

à fond la question de savoir s'il était opportun d'affer-
mer les revenus. Il recommande de lever les taxes
avec équité. Il est un adversaire déclaré des emprunts
publics qui grèvent l'avenir de lourdes charges et
détournent les capitaux du commerce. Il préfère
qu'on ait recours directement à l'impôt, si considérable qu'il puisse être, et propose comme expédient
en temps de guerre les *excises* ou impôts indirects
sur la consommation, qui ont le mérite de se répar-
tir également sur tous.

Enfin il occupe une place importante dans l'histoire de la statistique investigatrice. Il est sur ce
point le disciple de Petty et a fait faire de grands
progrès à cette science, parce que tous les impôts
levés depuis la Révolution offraient un champ vaste
à ses recherches, tandis que Petty disposait d'éléments bien imparfaits. Il a suivi la même méthode,
celle qui consiste à procéder par voie de déduction
(arithmétique politique).

Il contribua pour beaucoup à faire connaître au
public Gregory King, dont il utilisa les travaux statistiques à plusieurs reprises dans son *Essay upon
the probable methods of making a people gainers in
the balance of trade.*

S'il a subi l'influence doctrinale de W. Petty et de
Child, il a, d'autre part, exercé une action certaine
sur le Gouvernement à son époque et plus encore

après sa mort dans le dernier quart du xviiie siècle.

W. Cunningham le range, avec Barbon et North, parmi les écrivains Tories du temps. Il est certain que ses vues économiques correspondent à celles de ce parti, qui préfère au développement de l'industrie celui de l'agriculture et du commerce extérieur qu'il désire libre.

Le Gouvernement de Guillaume III adopta pourtant quelques-uns des expédients qu'il préconisait pour subvenir aux frais de la guerre ; on finit par recourir aux *excises.* Un peu plus tard, ce fut d'après ses conseils qu'on créa les lords commissaires du commerce et des colonies.

Mais c'est surtout dans la fin du xviiie siècle, lorsque les idées libre-échangistes triomphèrent, que son influence se fit le plus sentir. Le second Pitt (1757-1806) s'inspira, dans sa réforme fiscale, des principes mêmes de Davenant sur la répartition équitable des impôts.

Davenant occupe donc une place importante parmi les économistes anglais antérieurs à Adam Smith.

Poitiers — Imp G Roy, 7, rue Victor Hugo

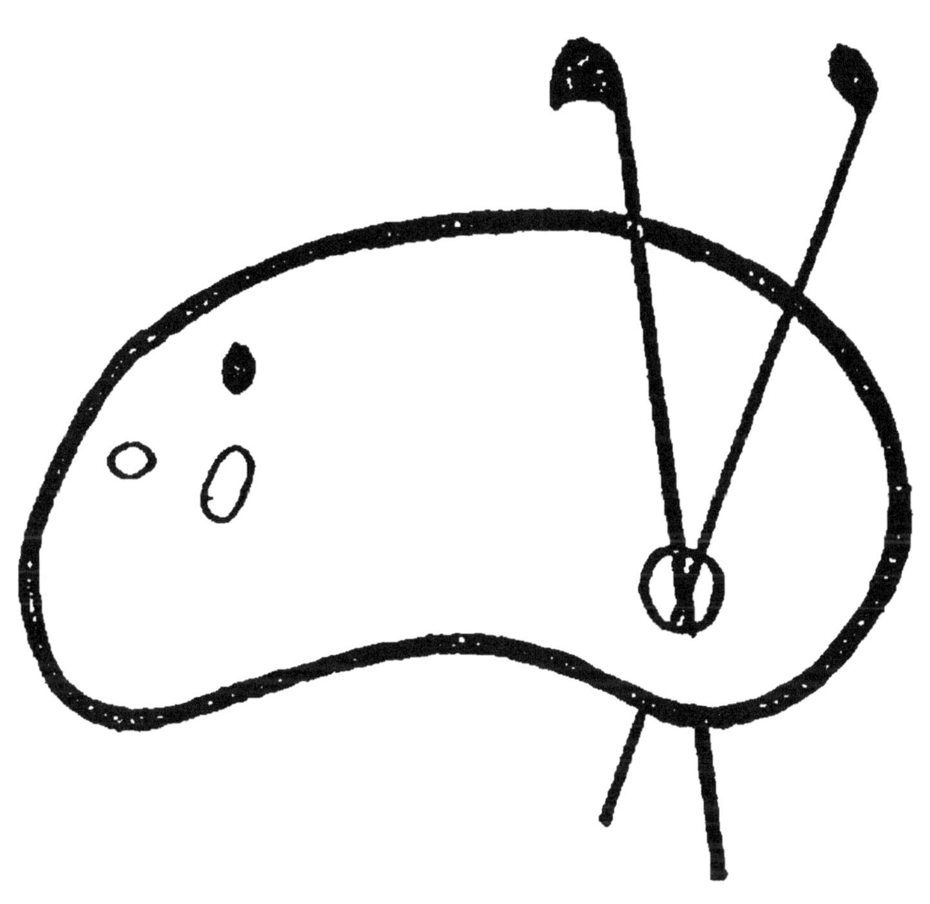

ORIGINAL EN COULEUR

Nᵣ Z 43 120-8

www.ingramcontent.com/pod-product-compliance
Lightning Source LLC
Chambersburg PA
CBHW061343060726
47597CB00003B/698